ベトナムで
ランニング？
マラソン？？

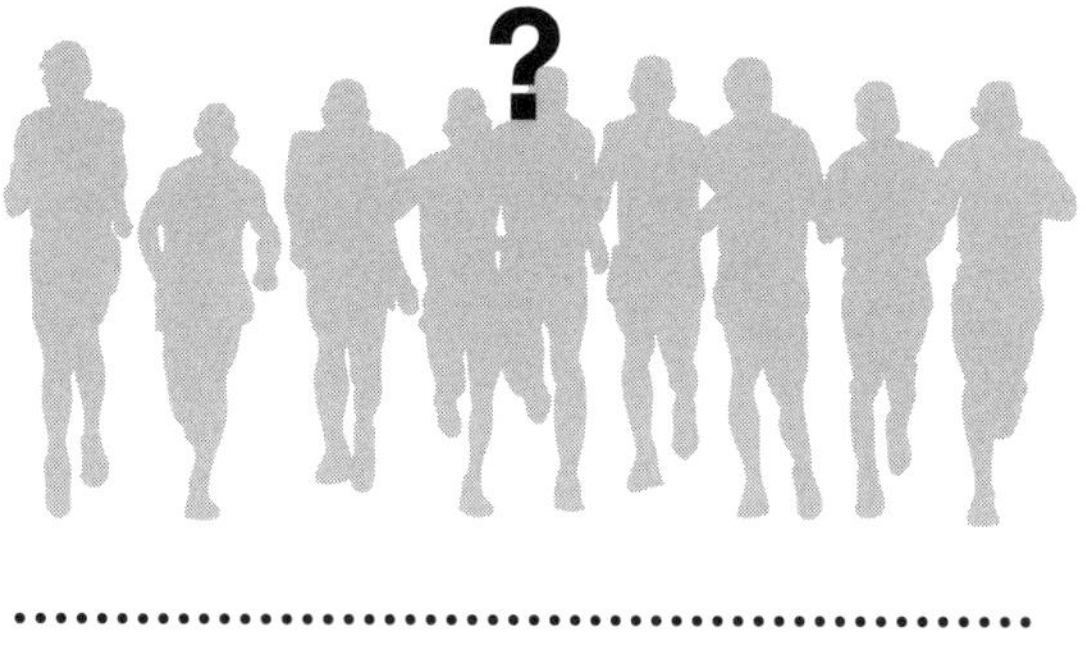

楽しい楽しい
ホーチミン走る会・奮闘記

上野 晃裕

UENO AKIHIRO

ホーチミン走る会　練習ルートマップ

REGULAR SESSION RUNNING COURSE MAP

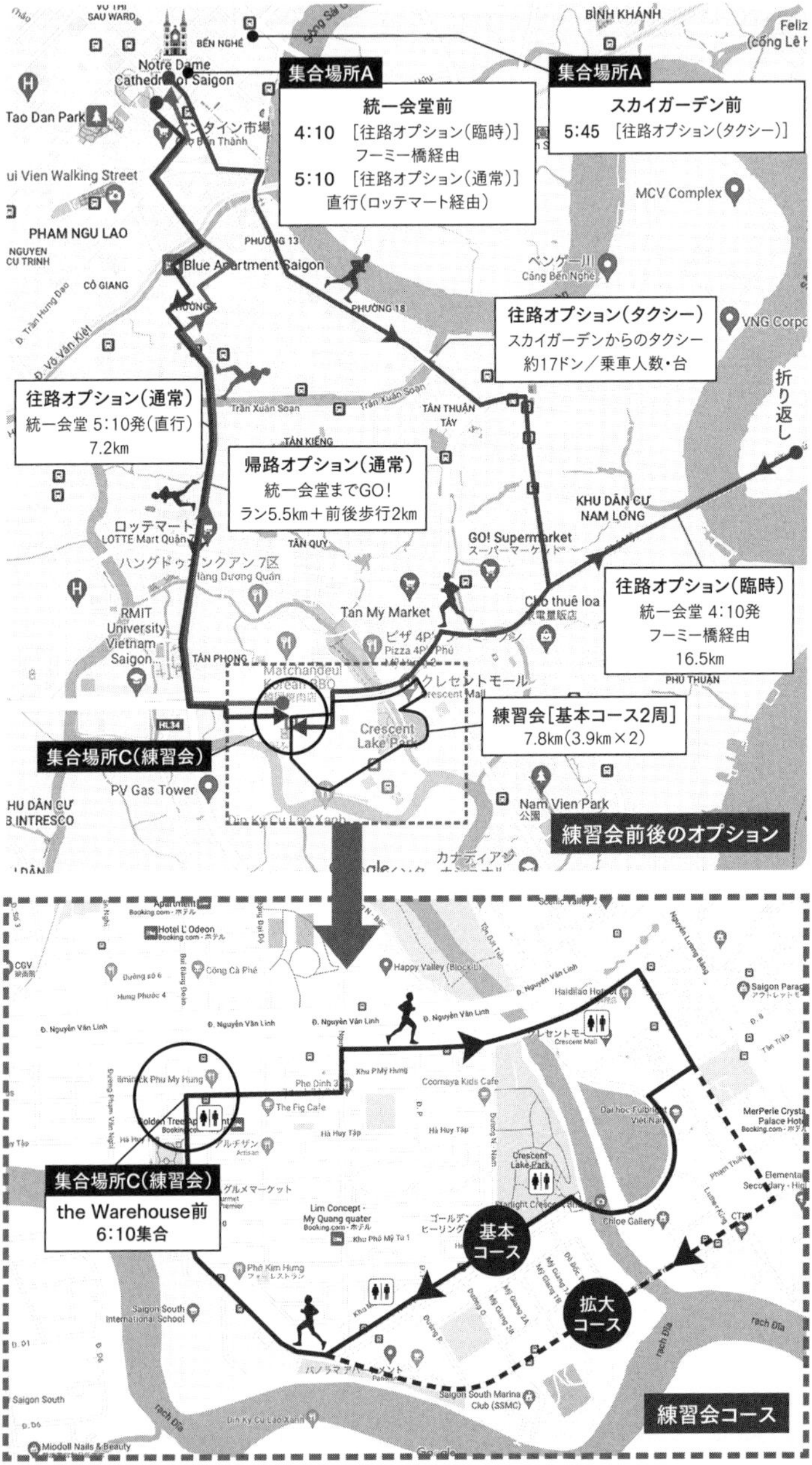

作成:小林監督

カンゾーラン（不定期開催）ルートマップ

CAN GIO RUN RUNNING COURSE MAP

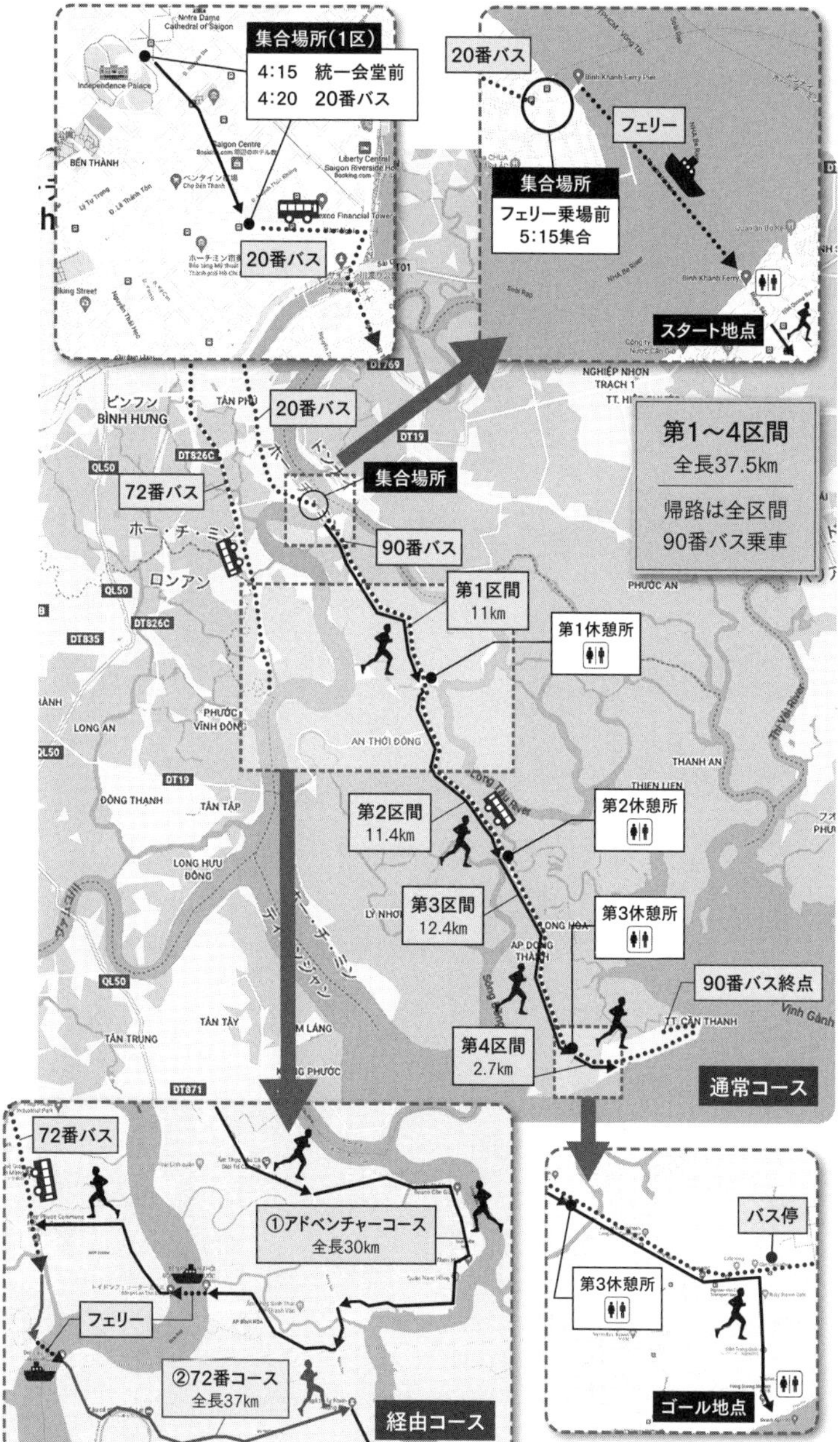

DANANG
laVie
FINISHER
42.195KM

HCM走る会

はじめに

ベトナム・ホーチミン市に「ホーチミン走る会」という日本人主催のランニングクラブがある。活動内容は単純だ。会員のランナーは毎週日曜日、午前6時10分にホーチミン市7区に集合。住宅街の1周4㎞コースを2周、合計8㎞走る。速い人も遅い人もおり、各自のペースで走る。50分程かけて走り終えて、午前7時頃にもう一度集まり、集合写真を撮影して解散。たった、これだけ……。これだけの会が、2012年の発足から10年以上も続いている！　この原稿を書いている現在も、毎週20～30人ほどが集まり、続いている。

本当に、走るだけの会なのだ。それも、日本から遠く離れたベトナム・ホーチミン市の何の変哲もない住宅街で、毎週毎週、ランニングが続いている。ホーチミン走る会で8㎞を走り終えれば、皆がニコニコと笑顔だ。巻頭及びカバーに掲載した集合写真を見て欲しい。走り終えた後の満足感、安心、充足がみなぎっている。明らかにゴルフ等の「客先接待、会社関係、スコア、賞金、スポンサー、云々《うんぬん》……」の絡んだスポーツの集合写真とは違う。

ホーチミン走る会に会費は無い。会に参加しても、何ももらえない。損得を抜きにした会だ。会の会則もなく、会員を縛るものは何も無い。いつでも、参加が可能。

ホーチミン走る会を主催する人、参加する人もコロコロと変わる。主催者・参加者が変わるのはやむを得ない。ほとんどの方は、日本の会社を代表して来ている駐在員、その駐在員の家族、留学生なので、いつかは（平均3年位）日本に戻ってしまうからだ。70歳を超える高齢者から、親と一緒に来る小学生まで、年齢層も幅広い。

日曜日の午前6時10分に、いつもの集合場所に行けば、誰か、会員のランナーがいる。暫《しばら》く走るのを辞めた人でも、また走りたくなったら参加する。ベトナムから日本に帰国した数年後、出張でベトナムに来た人も参加してくる。8㎞を皆と一緒に走りたいが為に。

これだけシンプル・単純明快な会が、皆に愛され、人は変われど大勢が集まり、10年以上続いているというのはどういう事だろう？　更に、この会への愛着は、ベトナムを離れ日本に帰国した人にもずっと残っている。何と、日本にホーチミン走る会の支部が出来ているのだ。「東京支部」「大阪支部」「名古屋支部」「北海道支部」「青森支部」などが、続々と設立されている！　海外の日本人主催のランニングの会の、日本の支部が続々と⁉　変なマルチ商法の逆輸入のような感が有るが、支部に参加する人たちに違和感は無い。皆が本当に「ホーチミン走る会」を愛してくれている！

私は、この「ホーチミン走る会」では２０１２年の設立時より２０２１年末まで、10年弱の長期にわたりホーチミンで走った。更に、２０１５年春からは2代目会長を拝命し、この会を盛り上げ、運営に携わらせてもらった。

現在、日本に帰国してから2年弱……。ここに改めて、「ホーチミン走る会」を通じたランニングの楽しさ、マラソンの事情などを書き、海外の、特にベトナムでのランニングの素晴らしさを皆に知ってもらいたいと思う。

何から書こうか。まずは、ベトナムで走る人達や、マラソン大会等の話を、思うままに書いて行こうかと思う。

目次

第2章　東南アジア編

第3章　番外編

第1章

ベトナム編

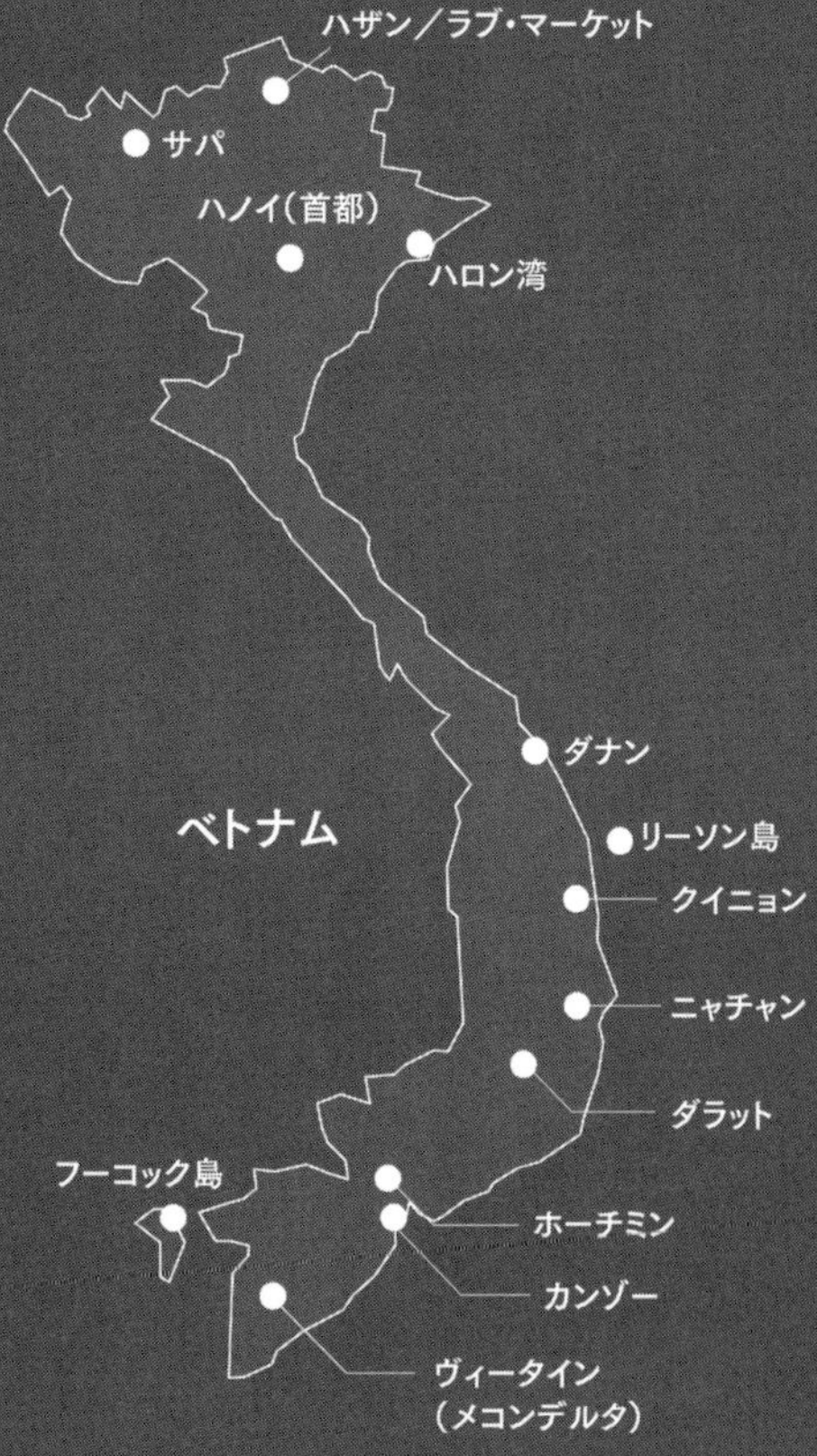
ハザン／ラブ・マーケット
サパ
ハノイ（首都）
ハロン湾
ダナン
ベトナム
リーソン島
クイニョン
ニャチャン
ダラット
フーコック島
ホーチミン
カンゾー
ヴィータイン
（メコンデルタ）

1．ベトナムで走る人達・ベトナム人は走るのか⁉

極論を言おう。ベトナム人は走らない。現在、日本にいるベトナム人も増え、コンビニやファーストフード店でベトナム人を見かける事も多いだろう。日本で働いている彼らベトナム人を見ると、多くは「痩身《そうしん》で浅黒！」色白のデブなベトナム人などおらず、なんとなく、ベトナム人は長距離ランナーのような容姿をしている。しかし、彼らは走らない。彼らベトナム人は走らない。私はベトナムには20年近く住み、ベトナムを熟知しているつもりだ。この私が言うのだから、間違いない……。

と、冒頭から、言い過ぎたかもしれない……。走るベトナム人も少しは「いる」。人間なのだから、走る事は出来る。走るベトナム人は、軍隊・体育大学等で陸上競技を専門とする、走ることがプロのベトナム人、ベトナムで盛んなサッカーの選手くらいか。私が言いたいのは、「趣味・健康で走るベトナム人は、本当に少ない」ということだ。「いや！多くのベトナム人は走る！ 私は多くの走るベトナム人を知っている！」という意見の人もいるだろうが、それは貴方《あなた》の周りだけだ。鳥瞰《ちょうかん》的に見る必要がある。走るベトナム人数の統計は持っていないのだが、いくつかの理由から推測するに、日本の百分の一くらいのマラソン人口かと思われる。では、なぜベトナム人は走らないのか？　走らない理由を書き連《つら》ねてみると……。

第一に、ランニング・マラソン等が、ベトナムのメディアで取り上げられることが無い事が挙げられる。日本ならば、オリンピックの陸上競技、世界陸上競技選手権大会となれば、皆がテレビの前にかぶりつき！　「42㎞、2時間の壁は破られるか？」「100m9秒台を走るのは誰か？」といった話題で盛り上がる！　ランニング仲間同士なら、酒を飲みながらでも、この手の話題で何時間でも話し込んでしまうだろう。日本でオリンピック、世界陸上競技選手権大会が注目されるのは、やはり、日本人選手が過去から活躍してきた歴史がある事が大きい。今でこそ低調気味だが、かつては円谷幸吉、瀬古利彦、高橋尚子、有森裕子達が活躍し、外国人選手達をぶちかまして来たのである。自国の選手が勝つスポーツを見るのは爽快《そうかい》だ！　メディアだって、視聴率が高いと思われるコンテンツを取り上げるから、オリンピックや世界陸上競技が見られるのは当然だ。日本人は、メディアで陸上競技を見てしまっているので、何の違和感もなくマラソンを知っているし、走ってしまう。日本人は、あまり意識をして無いだろうが、この「マラソンを知っていて、走ってしまう」ということは、実は凄い事なのだ！

さて、ベトナムはといえば……。先ほど、ベトナムのメディアでランニング・マラソンが取り上げられることが無いと書いた。なぜなら、ベトナム人の皆が、本当に興味を示さないからなのである。というのも、自国の選手が外国人選手に勝つという事が、過去に無いからだ。ベトナムのオリンピックの実績を例に挙げてみよう。ベトナムの過去のオリンピックのメダル獲得実績は、射撃で2個、ウエイトリフティングで2個、テコンドーで1個だ。このメダル数、1952年のヘルシンキオリンピックから2021年までの東京オリンピックまでの69年間の歴史を通じた総メダル数だ。繰り返し書くが、「69年間でたったの5個のメダル」しか取っていない国なのだ！　自国の選手が表彰台に上がらない大会など、言うまでもなく、つまらない……。(少し、話は脱線するが、ベトナムは2016年リオデジャネイロ・オリンピックの射撃で金メダルを取得した。ベトナム初の金メダルだ。すると……後追いでメディアの取材が殺到!!　メダルを取得した選手は国民の英雄に。メディアでは、暫くは射撃の映像が流れだしたのだった。)「オリンピックは世界人類平和の祭典」などと言うが、一般庶民の私達は、自国選手の活躍が見たいのだ！自国選手の活躍が見られないオリンピック等は、どうでも良い！というのが、ベトナムのお国事情かと思われる。こうして、ベトナムではテレビ・新聞等メディアにてマラソン・陸上競技を見る事は無い。見る事も無いから興味も沸いてこない……という、負のスパイラルにあるのだ。私は、試しに何人かのベトナム人に「マラソンの距離は何kmか知っているか?」「人類は100mを何秒で走れるか知っているか?」と聞いたことがあるが、「マラソンの距離……10kmくらい?」「100mを何秒で走れるか……。ちょっと、ウェブで検索するね！」等の答えばかりだった。ベトナム人が無知とか無学とか言う事ではない。環境の問題だ。逆に、ベトナム人には常識で、日本人が知らない事もたくさんあるのだから。結論として、ベトナムではランニング・マラソンはメディアに出てこないから、走る事は一般的ではない！　と言う事なのだ。

第二のベトナム人が走らない理由。私は「バイクが悪い!!」と、指摘する。テレビで見たことがあるだろう、ベトナムの街を走るバイク、バイク、バイクの洪水！　ベトナムではバイクでの走行が半端ではない！　バイクの登録台数は5千万台を超え、国民3人に2人はバイクを所有。裕福で車を持つ人も増えてきたが、「車を持ったからバイクには乗らない」とは、ならない。車を持っている人も、もちろんのようにバイクに乗る。バイクでしか走れない小道、悪路が圧倒的に多く、バイクがこの国のスタンダードになってしまっているからだ。さて、このバイクによる功罪は大きい。罪の部分をクローズアップすると、「ベトナム人の足を退化させた！」と断言する。バイクの為に、走る事はおろか、歩く事さえ機会が無くなっている！　ベトナムは電車・バス等の公共機関がまだまだ未発達な国だ。仕事や遊びに行く等は、全てバイクに頼ることになる。公共機関が発達している日本だと、少なくとも電車の駅・バス停までは歩いていく。日本の平均的なサラリーマンだと「家→出発駅、到着駅→会社」を往復するので、1日に3㎞程度は歩いているだろう。しかし、ベトナムでは歩くのさえも素っ飛ばして、「一気通貫でバイク」なのである。家を出てから、目的地まで、ほぼ歩かずにバイクだ。私はベトナムで、ランニングを習慣とする以前に万歩計を付けていた時期があるが、1日に100歩も歩いていなかった（だいたい、そんな状況で、万歩計を付ける意味も無かったのだが……)。現在、日本にいる多くのベトナム人も、実は歩くのは非常に苦手! 日本の会社での企業研修等でベトナム人を日本へ連れて歩くと、道の途中でへたばってしまう事も、よくある話。人間の体の機能は、使わなければどんどん退化してしまう。ダーウインの進化論を持ち出すまでもなく、生物に不要な機能は無くなっていく。そうなのだ……。今や、多くのベトナム人の足は退化してしまっている……。SFのイメージであるタコの火星人の足のように細く、華奢《きゃしゃ》で、使い物にならなくなってしまっている……、あ、ちょっと、表現がオーバー過ぎたか……。ベトナム人の皆さん、すみません! とにかく、私が言いたいのは、ベトナム人はバイクのせいで、「走る」以前に、歩くことさえも難しくなっているという事だ。

火星人のイメージ

第三のベトナム人の走らない理由。悲しいかな、経済的な理由である。ベトナム戦争も終わり既に50年弱。順調に経済発展を遂げ、今やベトナムには「極貧《ごくひん》」と呼ばれる状態の人は、ほぼいない。2022年のフォーブス世界富豪ランキングで7人のベトナム人がランクインする等の、スーパーリッチ階層も増えている。リッチでは無いが、中流階級に属する都市部のサラリーマンの平均給与が1千500万ドン（7・5万円）／月くらい。低所得に属する工場勤務の平均給与が600万ドン（3万円）／月、田舎の農民の所得が400万ドン（2万円）／月くらいか。共産主義のベトナムではあるが貧富の差が広がっている。分かりやすく図にすると「1％のスーパーリッチ」「10％の中流階級」「残り89％の低所得階級」という図式になっている。

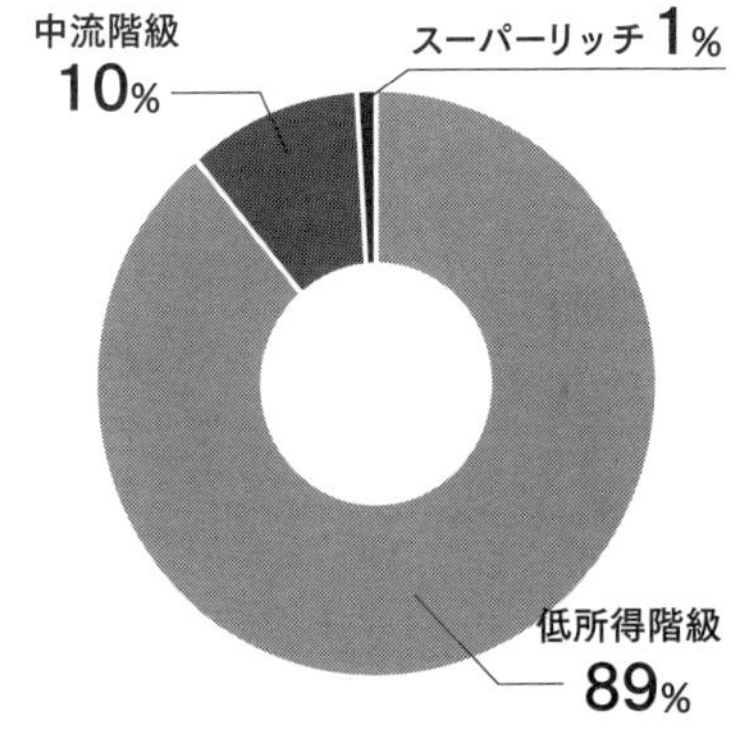

ベトナム人分布図

さて、話は戻るがベトナム人が走らないのが経済的な理由であること。たかが「ランニング」であるが、これでも結構お金がかかる趣味・スポーツなのである。まずは「ランニングシューズ」。ピンキリではあるが、平均的な価格で1足1万円程度。ランニングシューズの寿命は短く、600km程で新しいランニングシューズに買い換えとなる。平均的なランナーで1カ月に200㎞を走るとすれば、僅《わず》か3カ月で新しいシューズに交代となり200万ドン（1万円）が消えていく。ランニング用のウェア、パンツも必要だ。女性ならば、カッコいい・可愛いブランド品ランニングウェア・パンツが必需品⁉ 自分のランニングタイムを気にするようになってくれば、GPS付き時計（600万ドン／3万円程度）も持ちたくなる。更に、マラソン大会に出場となると、ベトナムのマラソン大会出場料が100万ドン（5千円）程度＋交通費＋食費……。なんだかんだで、1カ月に200万〜400万ドン（1〜2万円）程度の出費といったところだ。これだけの出費を、先ほどの図式で書いた89％の低所得層400万〜600万ドン（2〜3万円）／平均給与の人達が負担するのは、まず無理だろう。何度か、私はこの低所得の人達にランニングする事を持ちかけてみたが……、「走ったらお腹が減る」「走る時間があったら、工場で残業したい」「走ったら、疲れて、明日働けなくなる」などの理由で難しいことが分かった。やはり、悲しいかな、大切なお金をランニングに廻《まわ》せる余裕は無いようだ。

では、図式で書いた10％の中流階級の人たち（1千500万ドン（7・5万円）／月収くらい)はどうか？ この人達なら、ランニング・マラソンへの200万〜400万ドン（1

～2万円)程度の出費は可能！　ではあるが……今や多趣味の世の中である。アイフォン、SNS、エステ、映画、旅行、グルメ、酒……なかなか、ランニングまでは順番が廻《まわ》ってこないようだ。ランニングの世界に飛び込んでくる変態《へんたい》（我々は、頑張ってランニングを行う人を、敬意を表して「変態《へんたい》」と呼ぶ）は、なかなかいない様子……。なかなかいないながらも、ベトナムではマラソン大会も増えてきているので、この中流階級より少しずつではあるがランニングを行う「変態《へんたい》」ベトナム人が出てきているかな⁉　という状況だ。

さて、ベトナムの1％のスーパーリッチの人達といえば、日本人の金持ちよりも、よっぽどセレブな生活をしており、経済的には全く困らない。彼らの健康への意識も高い。もちろん、ランニング・マラソンに参加してくる人たちもいる。しかし、彼らスーパーリッチの人達からは、「マラソン」とは、何の器具も、備品も、場所も必要としない、「貧乏」なスポーツと見られているようだ。彼らの向かう第一のスポーツはゴルフか、会員制スポーツクラブ！　長時間にわたり身体を動かす有酸素運動が必要と思う人たちは、貧乏な？ランニング・マラソンを素っ飛ばして「自転車」に向かう。最近ベトナムでは1台2億ドン（100万円）クラスのカッコいい自転車が大流行りの様子。スーパーリッチの人達同士で自分の高額自転車を見せびらかし、お互いに自分たちの身分を確かめ合う？　ように、ツーリングを楽しんでいる姿が存在する。自転車のツーリングで風を切って走るのに慣れたベトナム人達には、貧乏臭く見えるランニング・マラソンの選択肢は無いようだ。

このように、ベトナムでは経済的な事情により、ランニング・マラソンに縁の無い人たちが非常に多いのである。

さて、皆さん、ご理解頂けただろうか？　ベトナム人は走らない！

このような環境の中で、ホーチミン走る会が存在している。恐らく、ホーチミン走る会のメンバーは、周りから奇異な目で見られながら走っているのではないかと思われる。次は、ベトナムで走る日本人を紹介しよう。

2．ベトナムで走る人達・日本人

最初に、ベトナムに住んでいる日本人について説明しよう。ベトナムに住む日本人……。あまり、イメージが湧かないのではないだろうか？　例えば、ヨーロッパに住む日本人とくれば、「オペラを学ぶために」「イギリス文学に傾倒して」「フランス料理を習得するために」等々、何となくインテリな日本人の匂いがする。アフリカに住む日本人なら「井戸を掘る、貧困撲滅に貢献《こうけん》するＯＤＡの関係者」「ダイヤモンド、香料のバイヤー」等々、逞《たくま》しいイメージだ。インドに住む日本人なら「ヨガに傾倒」「クスリにはまったバックパッカー」等々、少しスピリチュアルなイメージ。

それでは、ベトナムに住む日本人はというと……。多くは「日本の企業からの駐在員」、「駐在員の家族」、「ベトナム人に日本語を教える教師」、「将来の為にベトナム語を勉強する学生」等々、おもしろくはないのだが、真面目に働く、もしくは学ぶ日本人ばかりである。ベトナムにいる日本人が真面目に働くのは当然だ。ベトナムは経済発展が目覚ましく、日本企業の投資先として、注目されている。政治の安定感、勤勉なベトナム人の国民性、日本から比較的に近い等々の諸条件から、ベトナム近辺の中国、タイ、インドネシア、フィリピン等を抜き、日本からの投資先としての注目度はナンバー1となっている。それがゆえに、日本企業から、「良く働く、真面目な社員」が続々とベトナムに来ているのが現状だ。更に、日本人がベトナムで暮らすにあたり、「ビザの取得」という厄介《やっかい》なものがある。ビザの取得には、日本で犯罪歴が無い証明である「無犯罪証明書」を日本政府よりゲットしなければならない。ゲットできなければ、ベトナムに行くことは出来ない。また、ビザの取得の為に、職種により学歴を聞かれることもある。必然的に真面目な日本人のみが選ばれる。こうして、真面目な日本人のみがホーチミンだけで1万人、ベトナム全土で2万人近くが暮らしているのである。

次に、ベトナムで走る日本人である。ベトナムに、職業として走りに来ている日本人はいない。日本では「マラソンコーチ」なる職業も存在するようだが、絶対的に走る人が少ないベトナムでは、マラソンコーチ等は、ありえない。だいたい、ランニングなど、その気になれば何も教わらなくても出来てしまうスポーツだ。多くの日本人ランナーは、初めは有料で教えてもらっても、すぐに巣立ちして自分なりに走るようになってしまう（ちなみに、ゴルフのレッスンプロはベトナムでも存在する。言うまでもなく、ゴルフは「お金」になるからだ）。

ベトナムで走る日本人は、全員がアマチュア・ランナーである。お金云々《うんぬん》は抜きにして、走りたいから走るという健康で変態！　な人達なのである。ベトナムで走る日本人は全員が真面目に仕事・勉強をしながら、趣味として走るアマチュア・ランナーと言い切っても良い。さて、この「皆が真面目に仕事・勉強の目的を持ちながら、趣味で走る」というのは、実に恵まれた環境だ。やれ、突出したアスリート、政治家の息子、大地主といった特権階級のような人がいないので、気を使わずに済む。また、ヤクザ、ジゴロ等の、ややこしい人も来ないので、気が楽だ。人間社会というのは、異質な人がやってくると不快を感じてしまう。異質な分子が無く、ベトナムで走る日本人のほぼ全員が、「気楽なサラリーマン、学生で、趣味でマラソンをやってまーす！」というのは、地上最後の楽園・令和の太平天国！　といったところだろうか。

3．ホーチミン走る会・日曜日の練習会

ホーチミン走る会は、毎週日曜日にホーチミン7区で開催されている。この7区という地域は90年代終わり頃までは広大な湿地帯であった。湿地にマングローブが生い茂り、マングローブの間を小舟が行き来し、エビ・魚の養殖が盛んであった土地だ。それが、ホーチミン1区の繁華街から車で30分圏内の未開拓な土地という事に目を付けられ、開拓・土地の整備が進み、あっ！　と言う間に近代的な居住空間に生まれ変わった。更には日本人学校、韓国人学校、台湾人学校が7区に設立され、外国人が次々と家族で住みだすにあたり、外国人向けのセレブな一等地としての地位が確立した。プール付きの高級マンション、お洒落な一軒家が軒を連ねている。また、ベトナム政府からの見立てでは、日本人を含む我々外国人は、ベトナムに投資をしてくれる有難いお客さんであり、手厚く保護してもらえる。ゆえに、この地区には、大勢の公安も配置され、防犯カメラも大量に設置され、治安が良い事ではベトナム随一なのである。7区は、日本で言えば「白金台」「芦屋」と言ったところか。

あと、これは実に不思議なのだが、この地域は朝の6時から7時までは、ほとんど雨が降らない特殊な地域だ。降っても小雨のみ。雨期となり、日中や夜に土砂降りとなっても、朝の6時から7時までは雨が降らないのである。この理由は……誰か、偉いお天気博士にでも聞いて、理由を解明してもらいたい！　お陰様で、ホーチミン走る会は毎週日曜日6時10分から7時頃まで開催されているのだが、この10年間、雨で中止になったことが一度も無いのである！　本当に、雨による中止が一度も無い！　ホーチミン走る会は、このような恵まれた条件の街で開催されている。

練習会は6時10分に開始される。6時10分……なんと中途半端な……。何で6時ジャスト開始にしないのか⁉　10分にどんなに深い意味があるのだろう？　ベトナムでは、10分単位で行事が進められるのだろうか⁉……と、疑問を呈《てい》する人もいるだろうが。答えは、「以前は10分離れた場所に6時集合で、今の集合場所に10分かけて移動して来たが、以前の場所に誰も来なくなった」だけの事である。大した理由は無い……。集合場所は「theWarehouse（ザ・ウェアハウス）」というワインセラー店の前だ。このお店は4年ほど前にオープン。このワインセラーがオープンする以前は「ANNAM GOURMET（アンナムグルメ）」という、外国人向けのスーパーだった。さて、「theWarehouse（ザ・ウェアハウス）」「ANNAM GOURMET（アンナムグルメ）」と、ホーチミン走る会の関連性は？ここに集合すれば双方にどういうメリットが⁉……と、疑問を呈する人もいるだろうが。答えは、お店の前に「集合写真を撮るのに適した階段が有るから」というだけの事である。大した理由は無い……。

大して意味の無い「時間」と「場所」に、毎週、毎週、ベトナムに住む日本人が20〜30人ほども集まるのだ。森羅万象の物事は、このように、決まっていくようである。

集まってくる日本人は主にホーチミン市在住。ホーチミン市は行政区画が22区に分かれているが、日本人が多く住むのは限られている。ホーチミン走る会の開催場所がある高級住宅街「7区（関東で白金台、関西で芦屋と言ったところ）」、華の大都会「1区（関東で新宿、関西で梅田と言ったところ）」、新興マンションが建設され勢いのある「2区（関東で豊洲ベイエリア、関西で千里ニュータウンと言ったところ）」の3区画だ。また、ビンズオン省（関東で所沢、関西で姫路と言ったところ）という、遠く離れた場所より来る方もいる(以降、日本人に理解しやすいように、例えとした日本の地名も併記する)。7区(白金台、芦屋)に住む人は、問題なく集合場所に来られる。歩いて・走って10分程でやって来る。ただ、家族で住まれる方が多いので、奥様(もしくは旦那様)に申請・許可をもらって来る方ばかりだ。ベトナムに住んでいると、外出が不自由(移動のスタンダードがバイクであり、日本人の多くは、怖くてバイクに乗らない)。なので家族のストレスは大きい。たかが、1時間程度のランニングなのだが、家族に目いっぱい気を使ってやって来る方ばかりだ。

1区(新宿、梅田)から来る人達は独身もしくは単身赴任者が多く、家族に気を使う必要は無い。やって来る人達は2種類に分かれる。まずは、走ってくる人達。1区(新宿、梅田)から7区(白金台、芦屋)までは距離にして8㎞。練習会の始まる1時間前に「統一会堂」というベトナム戦争を象徴(戦車が突っ込む写真が超有名!)する建物に集合し、走ってやって来る。この人達は練習会場まで8㎞走り、練習会で8㎞走り、更に帰りも走って帰っていくので、8㎞+8㎞+8㎞=24㎞を日曜の朝に走ってしまうタフなメンバーだ。ベトナムのマラソン大会で賞金を稼いでくる方も続出している。

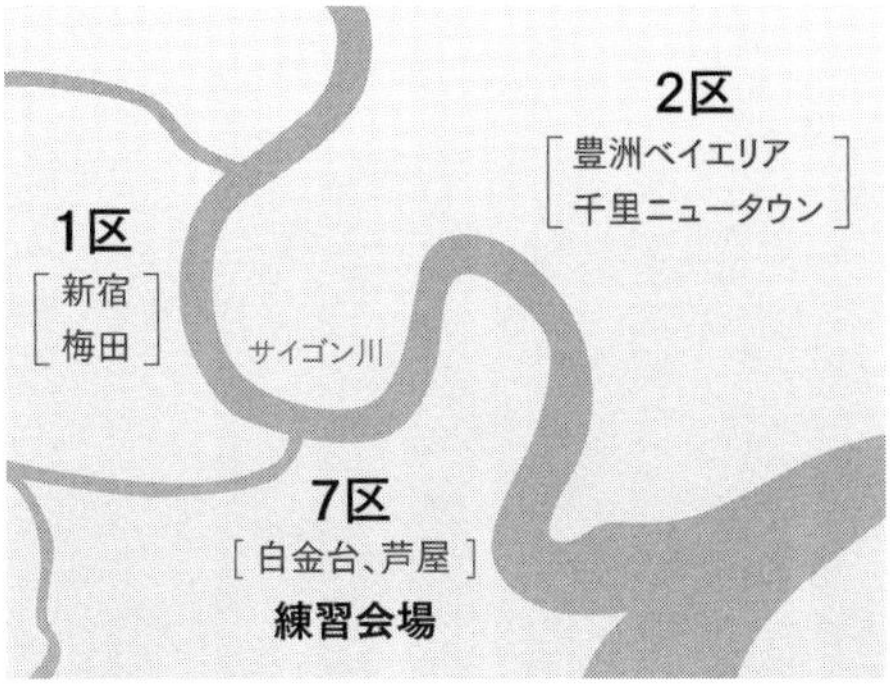

区画図

1区（新宿、梅田）からやって来るもう一つのタイプの人達は、タクシーでやって来る。タクシーは7人乗りにて、1台か2台に分乗してやって来る。集合場所は、「レタントン通りのファミリーマート」。尚、ベトナムのコンビニで1番頑張っているのがファミリーマートだ。この、レタントン通りのファミリーマートは特に大規模で中心地にあり、日本の「ハチ公前」に相当する。この「レタントン通りのファミリーマート」で走る会メンバーの為にタクシーの手配をするのが、白髪の壮年ランナー粟《あわ》原《はら》さんだ。別名「ファミリーマートの守護神！」。ホーチミン走る会に貢献する事を生きがいとしてくれており、初めて参加するランナーの引率、タクシー分乗の段取り、タクシー代清算を全てやってくれる。ホーチミン走る会では、献身的な方が多く、このような方がたくさんおられるので成り立っている。尚、タクシーの運転手の側でも、この粟原《あわはら》さんを慕《した》って、毎回同じタクシーの運転手が馴染みとなって、早朝にも関わらず、ファミリーマートで同じ時間に待っている！

2区（豊洲ベイエリア、千里ニュータウン）から集合場所にやって来る人は、大変だ。距離が15㎞程は離れてしまうので、走って来るには遠いし、1人タクシーでやって来るには料金が高い。中庸として、先述の1区(新宿、梅田)「レタントン通りのファミリーマート」まで走るか、タクシーで来てから、粟原《あわはら》さん手配のタクシーに乗るというのが実情だ。また、2区（豊洲ベイエリア、千里ニュータウン）も走りやすいところなので、ホーチミン走る会の土曜日の練習会がこちらで行われている。

最近は、2区（豊洲ベイエリア、千里ニュータウン）が7区（白金台、芦屋）を圧倒しそうな勢いなので、「日曜日の練習場所を7区（白金台、芦屋）から2区（豊洲ベイエリア、千里ニュータウン）に変更を！」「7区（白金台、芦屋）と2区（豊洲ベイエリア、千里ニュータウン）を交互に開催！」等の声も上がった。何という事だ！独立勢力が現れた⁉地球連邦軍に反乱するジオン公国か⁉（ネタが古い……）この意見については、悪いが意見を抹殺した。この練習場所を2区（豊洲ベイエリア、千里ニュータウン）に移してしまうと、高い確率でホーチミン走る会が消滅すると思われたからだ。ホーチミン走る会が長く続いているのは「同じ場所で、同じ時間」という原則があるからだ。「あの場所の、あの時間に行けば皆と走れる」という気楽さがいいのだ。ランニングは、どこでも出来てしまうスポーツだ。施設も持たないランニングクラブが場所を変えてしまったら、もう、人は続かない。継続するためには、シンプルに同じリズムを繰り返す事だ。ロックは継続だ！　同じコアメンバーのローリングストーンズが長年ロックを続けているように……ちょっと、例え話に無理があるかな……。

メンバーが「7区（白金台、芦屋）のワインセラー「theWarehouse（ザ・ウェアハウス）」前に集まるとスタートとなる。走る前に体操等は行わない。体操を行うと、身体の稼働範囲が大きくなって、怪我をしやすくなるからだ。7区（白金台、芦屋）の1周4㎞を2周する。走るのは、各自のペースである。もう、いい加減、いい大人が中学・高校時のように、1列に並んで走るような事はしない。楽しく走るのだ。初めから全力で走り切るメンバーもいれば、隣の人と楽しく話しながら2周を走り終える人もいる。ランニングのような有酸素運動で最も効果的に脂肪を燃焼させるのは、話が出来て、ちょっと息があがる程度で長時間続けられることによる。大体のメンバーは、１週間に身の回りに起こった事、ホーチミン市での最新情報、美味しいレストランの情報等々、バカ話をしながら、ニコニコと走る。

最初の１㎞は金持ちベトナム人が住む住宅街の中を走る。一緒に気の合う仲間を見つけたり、初めて会うメンバーに自己紹介を行ったり、社交場のような感もある１㎞だ。何となく皆が、「あー、１週間ぶりにいつものコースに帰ってきた！」と、充足しているようにも見える。

次の２㎞は、公園内を走る事となる。この辺りは最も美的景観が素晴らしい場所だ。純白の三日月状に曲がった「三日月橋」では、結婚式を挙げるカップルが記念撮影を行っている。三日月橋からは、時折噴水が放たれる。遊歩道では、お揃《そろ》いの黄色いＴシャツを着た老人達が体操・太極拳を行っている。公園の芝生の上では犬が散歩し、フリスビーが飛び交い、恋人たちが愛を語り合っている（実際には語り合っているのを聞いたことは無い

住宅街（7区）

が……）。何とも、癒《いや》されるランニング区間だ。

最後の1㎞は1直線の車道だ。車・バイクには気を付けないといけないが、7区（白金台、芦屋）という行儀の良い地域のお陰か、車・バイクのスピードは緩やかだ。しかしながら、メンバーの走りはスピードアップする！特に2周目の、この区間！皆で1～7㎞までは、ニコニコと一緒に走っていても、人間の「勝ちたい」という本能には抗《あらが》えない。合計8㎞の最後の1㎞は、真剣に、順位を上げようと早く駆け出し、ゴールへと走り出す！

三日月橋

皆は童心に戻っているのか、子供の時の「かけっこ競争」のような有様だ。
速い・遅いはあるけれど、皆がゴールする。ゴールすれば、また皆はニコニコ笑顔だ！「いやー、最初から飛ばしましたねー！」「あなたのラストスパートにはかなわないよー！」と、冗談交じりに互いの健闘ぶりを称え合う。皆がランニングハイで、本当にいい笑顔。

毎回、ゴール後に集合場所の階段で記念写真を撮影するのだが、心の底から楽しんでいる笑顔だ。巻頭及びカバーに、集合写真を掲載しているのでじっくりと見て欲しい。比較して悪いが、ゴルフ後の記念写真とは違う！　ゴルフ後の写真を見ると……賞金を獲得できなかった悔しい顔、スコアが伸びなかった残念な顔、一緒に廻っているお客さんの為の無理した笑顔、早くビールを飲みに行きたいイライラした顔……といった、複雑な心情が読み取れてしまう。ランニングもゴルフも同じスポーツに一括りされているが、どう考えても異質なもの……。と、（接待ゴルフが苦手で、会社で昇進できなかった）私は言いたい！

皆がゴールし、写真撮影が終わると、だいたい朝の7時。そこから、朝食に向かう。朝食の場所はゴール場所から歩いて1分の、いつも馴染《なじ》みの「My Phuoc（ミーフォック）」という麺屋さんだ。馴染みとなってしまったのには理由がある。もちろん、美味しいのだが、それ以上のものがあった。以前は、朝食の場所を見つけるのに苦労した。30人近い人数を、朝の7時から受け入れてくれるお店が無かったからである。30人近くが入れても、席はバラバラ……。それだと、今一つ、朝食も美味くない。しかし、この麺屋My Phuoc（ミーフォック）の対応は「凄《すご》かった！」。我々が行くと、店の前の歩道に、いくつものテーブル・

イスを用意して、30人分の食卓を作り上げたのだ！　一般にベトナムでは歩道にテーブルを出すのが禁止されている。公安がやってくれば、テーブルを没収される危険性もある。しかし、このお店はそのリスクを冒して、我々に食卓を提供してくれたのだ！　毎週、我々がお店に行く日曜日の朝7時には、長テーブル席が歩道の上に「予約席」として用意されている。我々が行く前に、他の客がその席に座ろうとしても、断りを入れてしまう。こうなってしまうと、我々も毎週、この店に行かないと後ろめたい。見事に、「お店のマーケティング戦略の罠」に引っかかってしまったようだ……。あ、書き方が悪かったか、毎回美味しい麺に皆が満足しているので、助かっている！

麺屋ミーフォック

朝食のメニューの麺は2種類のみ。「ミー」と呼ばれる小麦粉に卵が練り込まれているラーメンに近い麺と、「フーティウ」と呼ばれる米粉から作られる細うどんに近い麺だ。

もちろん、美味しいのだが、作り方は「いい

フーティウ

加減」だ。時に「ダイコン」が入っていたり、時に「ニンジン」が入っていたり、同じ日のお隣さんと比べても違う事が有る。ここで、日本のように、お店に「文句・苦情」を言ってはいけない。入っている具を見て「あー、今日は大根が入っているから当たりだ！」「俺のは、具が少なくて外れ！」くらいの余裕が必要。この余裕が出てくると、ベトナムの生活は楽しくなってくる。日本で細かいことを気にしていた自分が阿保《あほ》らしくなってくる！

気になるお値段は、一杯5万ドン（250円）。お店を利用してから10年程経つが、我々には同じ値段で提供してもらっている……と、さらりと書いてしまったが、これは凄い事なのだ……。ベトナムの物価上昇率は毎年3％程度。物価上昇率により、この10年間で全て、何でもかんでも3～5割程度、物価が上がってしまっている。10年前は「一杯5万ドン（250円）は、ちょっと高いけど、まーいいか！」と思っていたのだが、現在では「こんなに安くしてもらって、いいのかな⁉」という心情の変化である。現在、お店も値上げを言ってこないし、我々も堂々と一杯5万ドン（250円）しか払わないのだが……。まあ、朝から30人の団体客なので、これでいいのだろう‼

朝食を食べ終わり7時30分頃になると解散だ。もう一度書くと、まだ「7時30分！」である。日曜日の朝7時30分の時点で、ランニングを終えて身体がすっきりとし、朝食を終えて、活動できる状態なのである。日曜日という、サラリーマンにとっては大事な休息日の早い時間に、スタンバイ・オーケー！　なのである。この後は、家庭サービスをするのも良し、読書をするのも良し、趣味の陶芸・囲碁・麻雀に打ち込むも良し、休日の長時間を有意義に使うことが出来るのである。比較して悪いが、ゴルフとは違う！　ゴルフも早朝から行うが、午前中に18ホール廻り終えると、お昼前。それから皆でビールを飲みながらダラダラと昼食を行い、家に帰ると、もう夕方。使ったゴルフクラブを奇麗にして、1日は終わる……。サラリーマンにとって大事な休息日が、お付き合いのゴルフのみで終わってしまうのは悲しい。ランニングもゴルフも同じスポーツに一括《くく》りされているが、どう考えても異質なもの……。と、（接待ゴルフが苦手で、会社で昇進できなかった）私は、再度言いたい！

以上が、ホーチミン走る会の日曜日の練習会である。これに走り足りないメンバーは、麺屋My Phuoc（ミーフォック）の朝食後に更に1区（新宿、梅田）まで8㎞走ったり、土曜日に2区（豊洲ベイエリア、千里ニュータウン）で走ったりしている。

この本を読んで、ホーチミン走る会で走りたくなったら、日曜日の6時10分にホーチミン市7区（白金台、芦屋）のワインセラー「theWarehouse（ザ・ウェアハウス）」前に行けば良い。事前にアポイントも不要だ。老若男女、素人・玄人を問わず、誰もが、何時でも参加できる！

4. ホーチミン走る会のランナー30人は多いのか?

毎週日曜日、ホーチミン走る会には30人程度（最盛期には45人！）のランナーが集まってくる。大勢の方が集まり、とても嬉しい……と、思っていたのだが、果たして、この30人というのは多い数字なのだろうか⁉ 私事だが、仕事で営業・経理面をやってきたので、ついつい、数字には敏感になってしまう。これまでのサラリーマン人生、会社の上司からは「売上予測を立てろ」「損益分岐点を出せ」などなど、数を出してナンボ！ の世界で生きてきたので、集合人数も気になってしまう。果たして、ホーチミンのランニングの会で30人程度が集まるというのは、喜ばしい事なのだろうか⁉

まず、答えを言ってしまう。「ホーチミンで30人も日本人ランナーが集まる会というのは凄い！」という事だ。これは、私が住んでいる兵庫県川西市の状況と比較する事で実証された。現在、兵庫県川西市には2つのランニングの会が存在している。まずは、それを紹介したい。

＊「大和《だいわ》走ろう会」

大和《だいわ》団地という住宅街のランニングサークル。ホーチミン走る会より、ずっとワイルドかもしれない。

設立48年、平均年齢約84歳!! 練習は、団地内を走ったり、郊外を走ったり。おしゃべりをしながら、6分30秒～7分／kmペースで9kmを走られる。もう一度書く！平均年齢84歳の高齢者が、6分30秒～7分／kmペースで9km!! 9kmを1時間で走ってしまうのだ！20代の若者で、これだけできる奴はどれだけいるのだろう!?

大和走ろう会

参加される方は、近隣の鹿・猪の個体調査をされている方、古道を研究されている方等、地元の情報を持たれている方が多く、話を聞くのが楽しい。先達に学ぶものは多い。

会の皆様は、80歳近い私の両親よ

り年上ながら、話される事は遥かにしっかりしておられ、「ランニングはアンチエイジングに効果がある」という事が確実に実感できる。

皆様、GPS付きのGarminの腕時計等を使いこなし、距離・時間を正確に把握(お孫さんに設定をお願いされているようだが)。「今朝はよく走りましたねー」と私が言うと、「午後からはウォーキングの会に行くんですよ!」と、皆様、元気元気! 走り終えると、その日のうちに「出席記録表」がウェブ上にアップロードされ、健康チェックも万全だ!

さて、このように素晴らしい会だが、参加人数は毎回7~10人というところ。真剣に高齢化が進んでおり、若い人も来られないので、参加者減が最大の課題のようだ。

*「キセラ休日組」

面倒見の良い眞知《まち》姉さん&中島さん率いるランニングサークル。川西市の中心地「キセラ川西せせらぎ公園」が練習場。こちらは、40~50代が主体。サブ3(42㎞を3時間以内で走る)を目標としている人が多く、この練習会は調整の場といったところ。いきなり400m×10本ダッシュ等のメニューが待っているので、私などは、到底についていけず、ゴマメ扱いして頂いている。おまけのハイキングラン、一庫《ひとくら》ダム周回ランなど、企画も盛りだくさんで、飽きる事がない。

皆様、真剣に走っているが、飲む方も真剣だ！ 週に1回程度と、頻繁に飲み会を開催！

ビール、焼酎、ハイボール、ワインを浴びるように飲む！ たくさん飲んでも、走ってすぐに消化！ 笑って、またランに戻るという感じの、楽しい会だ。

キセラ休日組

さて、このように素晴らしい会だが、参加人数は毎回7～10人というところ。

川西市に存在するランニングサークル2つを紹介したが、2つ足しても、毎回の参加人数は20人を超えない……。更には、日本人の数が違う! 川西市は人口約15万人。15万人の人口に対してランニングサークルへの参加人数は20人も満たないのだ!

さて、ではホーチミン! ホーチミン市の日本人は約1万人。1万人の人口に対してホーチミン走る会への参加人数は30人程度! 参加人数の比較を計算致すると……。〔ホーチミン走る会人数(30人÷1万人)〕÷〔川西市の2つの会の人数(20人÷15万人)〕=22・5倍の参加規模!!

という訳で、ホーチミン走る会への注目度、集客度、ランナーの多さが、日本の平均的な市町村よりも22・5倍も多いという事が証明された!

あ、いや……意味の無い、単なる数字遊びをやってしまっただけかな……。

5. ベトナムのマラソン大会

ベトナムにもマラソン大会はある！　この本では、以降、いくつかの大会を紹介していく。まずは、ベトナムでどのようなマラソン大会が催されているか、おおよその情報を書きたいと思う。

＊一般市民向けニコニコ・マラソン大会

勝手に、「ニコニコ」などと形容詞を付けてしまったが、ニコニコ、ほのぼの、まったり等々の緩やかな言葉が似合うマラソン大会だ。主催者は銀行、保険会社、各国大使館・領事館、商工会などなど公的機関が多い。有名な大会としては、チャリティーイベントとして世界的に有名な「テリー・フォックスラン」、ホーチミン日本商工会が主に日本人学校の生徒を対象とする「日本商工会マラソン大会」などがある。

ランナー向けというよりは、主催関係者の家族やお客様等が対象となってくる。開催の目的は、「健康」と「主催による宣伝効果」といったところだろう。距離も短い。1・5km

コース、5km コースくらい。長くても10km コースまで。おおよそは、親子でのんびりと、気楽に走るイメージだ。いや、走る人も稀《まれ》だ！　ぞろぞろと、スタートからゴールまで歩いている人がほとんどだ。おそらくは、社長・上司から「マラソン大会に出るように!!」と言われ、渋々と参加している人達だと思われる。せっかくの休日を、マラソン大会なんぞに参加させやがってー……という愚痴《ぐち》も聞こえてきそうだ。この類のマラソン大会の大きな特徴は、「参加料が安いのに、お土産が凄《すご》い！」というのに尽きる。参加料は、せいぜい10万ドン（500円）程度、主催者の関係者ならば無料で参加している。そして、走る前の受付時にもらえるお土産が凄《すご》い！　左記にラインナップすると、

●**大会Tシャツ**（これは日本でもお馴染みだ。Tシャツもらっただけで、参加料の元は取れる）

●**完走メダル**（走る前に、完走メダルをもらって、良いのだろうか……）

●**スポーツタオル**（汗をかく前に、走り終わったぞ！）

●**スポーツドリンク**（ポカリスエット、レッドブル等、種類は豊富）

●**スポーツドリンクを入れる水筒**（大会で使う必要は無かったぞ！）

●**エネルギーバー**（100㎞を走るような長距離ランナー向け食品。高カロリーのエネルギーバーを食べると、走る距離が短いから、不健康なのだが……）

●**スポーツジムのお試し入会券**（何十枚も集めて、無料でジムに通ってしまう強者《ツワモノ》も！）

等々、明らかに参加料を上回るお土産をもらえるケースが多い。たくさんのお土産をもらって「うーん、マラソンは面倒くさかったけど、まーいっか」という、参加者の声が聞こえてきそうな大会だ。

＊ハーフマラソン大会（21㎞）、フルマラソン大会（42・195㎞）

ベトナムでのハーフマラソン大会、フルマラソン大会の歴史は古い……のかどうか、実はよく分からない。Tien Phong（ティエンフォン）マラソン大会という64年の歴史を誇《ほこ》る（ベトナム戦争中（1964〜1975年）もやっていたのだろうか⁉）大会があり、ここ数年は我々日本人も参加しているのだが、流石に数10年も前の事は分からないし、知っているベトナム人も周りにいない。ネットで見ると、Da Lat（ダラット）という避暑地、首都ハノイ等で2010年頃に大会があったようだが、参加規模、内容等、何も分からない。

5．ベトナムのマラソン大会

ベトナム中部のダナンでは２０１４年から「ダナン・インターナショナルマラソン」と大きな名前でフルマラソン（42・１９５㎞）大会が実施されているが、これはハーフマラソン（21㎞）コースを2周廻る大会にて、参加するランナーにとっては物足りないものだ。

ホーチミンでは、「ＨＣＭＣマラソン」という名物大会が１９９２年から毎年行われているが、５㎞、10㎞及びハーフマラソン大会（21㎞）までだった。２０１７年になりようやく「ＨＣＭＣマラソン」でフルマラソン大会（42・１９５㎞）が実施された。２０１７年には、更に、金持ちの銀行スポンサーによるホーチミンインターナショナルTECHCOM BANK マラソンという、完成度の高いマラソン大会が第1回目として開催されている。

他にも、この２０１７年頃からベトナムのあちこちでマラソン大会が催されるようになり、この２０１７年度はベトナムのマラソン大会の創世記に相当するのではないだろうか⁉

２０１７年から引き続き、現在でも、ベトナム全土で、1か月に2大会くらいはフルマラソン大会が開催されている。

さて、気になるお値段は……。ベトナムの物価水準からすると結構高い！　先ほど書いた、完成度の高い「ホーチミンインターナショナル TECHCOM BANK マラソン大会」の場合は左記の通り。

●フルマラソン（42㎞）　219万9千ドン（1万1千円）、早期申し込みで159万9千ドン（8千円）。

●ハーフマラソン（21㎞）　164万9千ドン（8千250円、早期申し込みで99万9千ドン（5千円）

●10㎞マラソン　129万9千ドン（6千500円）早期申し込みで99万9千ドン（5千円）

前編でも書いたが、マラソン大会はまだまだ金持ちのスポーツなので、これでもいいという事なのだろうか……。

また、いくつかのマラソン大会には、外国人とベトナム人の価格が違うという二重価格制が存在している!!　外国人価格はベトナム人価格より5割くらい割高だ。10年ほど前は、さらに酷《ひど》く、外国人価格はベトナム人価格の2倍くらいしていたと思う。「SDGs（エスディージーズ）ナンバー10：人や国の不平等をなくそう」には、思いっきり抵触してくるので、止めてもらいたいものである。

＊トレイルラン（トレラン）

未舗装の道を走るのがトレイルラン（トレラン）と定義されている。この定義からすると、ベトナムでは上記した通常のマラソン大会でも未舗装路（砂利道、沼地等）を走らせる大会があるので、ごっちゃになりそうだ。ここでは、トレランは「山の中を走るマラソン大会」と書かせてもらう。

実は、ベトナムではトレランが非常に充実している！　最も親しまれているのが、トパース・エクスプローラー・グループという、欧米人の専門家を抱える団体だ。ベトナムの観光名所であるサパ、雄大な景色を持つプーロン、素晴らしい梅の花に囲まれるモクチャウ等で、毎年定期的に大会を開催している。10㎞、21㎞、42㎞、70㎞、100㎞等、コースのバリエーションも多い。2022年度からは100マイルコースまで新設しており、年々、勢いが増しているイメージだ。

大会への参加者は、アメリカ、イギリス、フランス、スペイン、中国、マレーシア……と、数10か国から強者が参加してくる。まだまだ荒らされていない大自然、山間部に定住している少数民族に出会えるのが、大きな魅力なのだろう。

ただしかし、注意も必要！　本当に人が少ない奥地や、危険な場所がコースに設定されていることや、ベトナムの山間部の気候の移り変わりの激しさの為、毎年のように死亡者が出ている事も事実。また、荒らされていない大自然……と謳《うた》われつつも、実はゴミが到るところに散乱している。少数民族とくれば、「純真で金銭には無頓着」というイメージがあるが、実は実は、なかなかのビジネスマン。写真を撮影したら「モデル料をよこせ！」と請求されるのは普通。普段は普通の姿で、外国人がやってくると民族衣装に着替えてお土産を売ってくるというのもよく有る話。

とはいえ、トータルで見ると、魅力に富んだマラソン大会がベトナムのトレランだ。

＊トライアスロン

ランニング、自転車、水泳を制覇するトライアスロンレースは、ベトナムでも行われている。流石に、トライアスロンとなると、本当に限られたベトナム人と外国人のみが参加するイメージだ。ベトナム人のトライアスロンへの障壁（？）は大きい。別の項でも書いたが、そもそもベトナム人はランニングをしない。そこへ持って大会仕様のウン十万円もするような自転車を買えるベトナム人は少ない。更に更に！　水泳が大問題！　ベトナムでは、泳げない・カナヅチが普通だからだ。ベトナムは大きく海に面し、メコン川などの大河が悠々と流れている。水に慣れ親しむ海洋民族のように見えるのだが……。実際には、今の世の中、海や川に素潜りして漁をするような人はいない。ベトナム人には非常に気の毒なのだが、多くのベトナムの学校にプール設備が無い為に、授業として「水泳」を習う事が無いのだ。もちろん、泳げる人はいるのだが……。トライアスロンの2㎞近い海での遠泳に、平泳ぎ、犬かきで挑戦してくるベトナム人もいる。または、海で区枠をする為に長大に伸びているロープを伝って「忍者泳ぎ」をするような輩《やから》までいる！　テレビで見るように皆が均一でタイムを争う水泳を見るのもいいが、こちらベトナムのトライアスロンの水泳のように、雑多にタイやヒラメやアナゴが泳いでいるような大会を見るのも楽しいものだ。

トライアスロンについては、私が実際に2016年度に出場したアイアンマンレースの模様を、別の項で紹介する。

＊その他のマラソン大会

ベトナムでは他にも、赤、黄、青のカラーボールをぶつけながら2㎞ほど走る「カラーミーラン」、高層ビルを駆け上がる「スカイラン」、風雲たけし城のような「障害物競走大会」などもある。いずれを見ても、手を変え、品を変え、ベトナムで走る事が普及しだしている印象が強い！

6. ニャチャン・ハーフマラソン

Nha Trang（ニャチャン）はベトナム中部カインホア省にあるリゾート地。ホーチミン市よりは北東へ450㎞。飛行機で1時間。バス・列車でも10時間程かけて行くことが可能。ニャチャンのすぐ南には、かつて日露戦争中に日本海軍を殲滅《せんめつ》すべくやって来たバルチック艦隊が寄港したことで有名な「カムラン湾」もある（当時の話は「艦隊は動かず：中川秀彦著」という本に詳しい）。このカムラン湾はベトナム戦争中にはアメリカ海軍の拠点となった。このような歴史的背景からも国際色が豊かで、街の看板を見ると、英語、ロシア語、フランス語、日本語、中国語、韓国語が、入り乱れている。海外からの観光客が多く、現在では外国人が安心して楽しめるリゾート地となっている。

ニャチャン（Wikipediaより）

私は、2012年にニャチャンで行われた「第3回目のベトナム国際ニャチャン・ビーチハーフマラソン大会」に参加した。当時は、フルマラソン大会も無く、ハーフマラソンがベトナムでポツポツと行われている状況。そしてそして、何と、私のマラソンデビューの大会でもあった！　当時の私の体重は0・1トン。医者よりは、いつ成人病となってもおかしくなく、痩せる事を口酸っぱく言われていた。何となく、ネットサーフィンをしていて見つけたのが、このニャチャン・ハーフマラソンのウェブサイト。「ふーん、21kmくらいなら、走れるのかなー!?」と、軽い気持ちで「申し込み」のポッチリをクリックしてしまったのだ。クリックしてしまってから知ったのだが、21kmは制限時間の3時間（180分）以内に走らなければならず、そもそも練習をしないと、到底走り切ることが出来ないらしい。それから約2か月、マラソンデビューの為に毎日2～3km、多い日で5km、スポーツジムのランニングマシーンで走り込んだ。5kmを走るのに40分程かかった。ならば、40分÷5km×21km＝2時間48分（168分）の公式により、3時間（180分）以内に走り切るのは大丈夫と計算された。むしろ、180分－168分＝12分の余裕まである！　うむ、私は計算が得意で、理性的に生きる人間なのであった。

さてさて、マラソン大会まで2か月の準備を行い、スタートとなった。はてさて、21㎞走り切れるのかと、ドキドキした。走り始めると、流石に「東洋のハワイ」とまで言われたニャチャンにて、気持ちが良い。白い砂浜と椰子並木、青い空のコントラストが美しいビーチリゾートをゆったりと眺めながらの贅沢なマラソン……。と、思いきや、素晴らしい景観は初めの４㎞程で終わる。４㎞地点以降は、海がほとんど見えない田舎道に突入し、水牛及び水牛の糞《ふん》をかわしながら、バイクに轢《ひ》かれそうになりながらの、ベトナム標準「道のジャングル」の戦いとなった。

大会にはファッションモデルのゲストランナーがいた。モデルは「比留川《ひるかわ》　游《ゆう》さん」！　どのようなモデルか事前にウェブで確認したところ、端正なお顔写真が何枚も出てきた！　このような方と一緒に走れるのかな？　と、淡い期待も出てきた。通常、ゲストランナーと言えば、マラソン大会で実績を成した有名人ばかりで、当然に、大会中、遅い私とは縁も無い。今回のモデルさんは、市民ランナーであり速くはないようであった。そしてそして、現に、私が走っている目の前に彼女が走っているのだった！　よく見ると、彼女の後には、彼女に近づこうと、金魚の糞のように数人の男性ランナーがくっついて走っている。

彼女が速くなれば男達も速く走り、彼女が遅く走れば男達も遅く走り……。コラ、お前ら、何しに来とんねん!?

初めてのマラソンにて緊張感にまみれながら、自分としては少し早いペースで走っていたのだが……、やはり、人生は思い通りにはいかないもの。15㎞地点で、走れなくなってしまった。もう、心臓が口から飛び出そうで、体中の血が逆流したようで、ゼエゼエ・ハアハアとしか声が出なくて……。この時点で時間は1時間50分。15㎞地点から21㎞のゴールまで、あと6㎞。果たして、3時間以内にゴールできるのか、頭がパニックとなりながら、ノロノロと歩き出す。6㎞を歩いてどれだけ時間がかかるのかも計算できず、とにかく歩く。歩いていると、他にも、くたばりながら歩いているランナー達もおり、励ましあいながら歩く。元気になったら、少しは走る。そうして、必死の形相で、初ハーフマラソンをゴールしたのだった。時間は2時間52分。当初の計画は2時間48分なので、まずまずといったところ!?

さて、ゴールはしたのだが体のダメージは、相当なもの。0・1トンの身体が3時間近く異郷のベトナムの空の下で奮闘したのだから。感想は? と聞かれ「終わってから、なんでもっと頑張れなかったのかと思うレースはしたくなかったし、今回はそう思っていないし……、初めて自分で自分を褒めたいと思います。」と、言ったと思う。その後、マラソン選手の有森裕子さんがアトランタ・オリンピック・マラソン大会の完走後に、私のセリフを真似たようだが……違ったかな⁉

身体の全体が悲鳴をあげている。頭が痛い……。日焼けした首が痛い……。足がジンジンとして、少し動かすと攣《つ》ってしまう……。体中の水分が抜けたせいか、トイレに行っても出るものも出ない……。せめてもの救いは、マラソン大会の協賛企業が久光製薬であった事。久光製薬がベトナムで製造しておられるサロンパスを山盛りに頂いて、体中に貼らせて頂いた！　久光製薬さん、有難う！　お陰様で、無事に疲労回復しまして、その後は身体の故障もありません‼　またいつか、山盛りのサロンパスをお願いしまーす‼

7. ホーチミン走る会・設立秘話

前項で紹介したニャチャン・ハーフマラソン大会（21㎞）が終わって数日経った2012年3月の某日の事。宇山さんからメールが届いた。「来週の日曜日の朝、僕と一緒に走りましょう！」との内容。何という「常識外れ」な事を言ってくる人か⁉と、最初は思った。宇山さんとは、ニャチャン・ハーフマラソン（21㎞）で知り合った間柄。私が初めてマラソン大会に出るという事を人づてに聞かれて、私にアプローチされた。走る前には、いろいろとアドバイスをしてくれ、ニャチャンでもゴール後でダメージを受けた私のお世話をしてくれた。大会が終わり数日経ったが、私は初めてのマラソン出場のせいで体中ボロボロ、足を引きずりながら生活している状況。もう、二度とランニングなどする事は無いだろうと思ってた矢先の事だった。

とはいえ、せっかくのお誘いなので一緒に走ってみることにした。「なんでこんなに朝早くに走るの？」「屋内のランニングマシーンで走れば安全でいいのに、なんでわざわざ外で走るの？」「だいたい、ランニングなんて、一人でやればいいのに、なんで俺を誘ってくるんだよ!?」等々、宇山さんへの疑問は積もるばかりだった。走る場所は7区（白金台、芦屋)。宇山さんから「僕の開発したランニングコースなんですよー！」と説明を受け、朝の6時から4㎞の周回コースを2周、合計8㎞走る事となった。この宇山さん、気配り上手のお話し上手！　一緒に、世間話をしながらゆっくりと走り、さほど疲れも感じず、無事に走り終える。走った後のランニングハイの状態で、朝食を食べ、カフェで馬鹿話をしながら、ゆっくりとコーヒーをする。かなり、ゆっくりとしたが、まだまだ朝の8時。爽快な気分でその後の日曜日の時間を、家庭サービスに、読書に集中し、夜まで過ごすこととなる。「うん、このパターンはいいぞ！」と思い、来週からも宇山さんと一緒に走ることを誓う。尚、私の先程の疑問は、宇山さんと走る事により、次のような解答となった。

＊なんでこんなに朝早くに走るの？

↓ホーチミンの日中は暑い。日が昇り、7時以降は走れたものではない。更に、早朝に走った方が、爽快《そうかい》に1日を過ごすことが出来る。

＊屋内のランニングマシーンで走ればいいのに、なんでわざわざ外で走るの？
↓ランニングマシーンは直ぐに飽きる。外で走ると、知覚の情報が膨大なので、頭が冴《さ》える。
＊だいたい、ランニングなんて、一人でやればいいのに、なんで俺を誘って来るんだよ!?
↓一人で走ると、ついつい走らなくなってくる。人と一緒に走ると楽しいし、話が出来る程度のペースが身体には一番良い。

ニャチャン・ハーフマラソンで知り合った人達が、他にもいた。今度は、私から「一緒に走りませんか？」と、声をかけると、俺も私もと参加してくる。そして、「あっ！」と言う間に、毎週日曜日に30人近くが参加する「ホーチミン走る会」となってしまったのだった。宇山さんはそのまま監督に就任。私は商社勤務時代の調子の良さを活かすべく宴会部長？ に就任。

ということで、この「ホーチミン走る会」は、深い意気込みを持って作られた会ではなく、水たまりのボウフラの様に自然発生した会なのだ。いい組織というものは、ごく自然に出来上がるものなんだなー、という事を身をもって体験したのだった。

8. 過酷なフーコック島・ハーフマラソン

ベトナムの南西部に浮かぶ島、Phu Quoc（フーコック）島。島に上陸するには、ベトナム本土のハノイ、ホーチミンから飛行機の利用となる。面積は561㎢で、日本の淡路島程度。漢字で「富国島」と書く（ベトナム語は、中国の影響を受けており、漢字に変換できる単語が多い）。富国島……富める国という漢字となるが、特産品はベトナムで有名な魚醤《ぎょしょう》のヌクマムと胡椒《こしょう》くらいしかない。カンボジアに近い気候のせいか、地面が赤茶けており、映画「キリングフィールド」の舞台にでもなりそうな雰囲気だ。カンボジア・ポルポト派による地雷は埋まっているのか？　被害者の骸骨《がいこつ》が転がっているのか？（実際、そんなものは無い）。未開発で、どちらかと言えば、貧しい地域であった。尚、この10年ほどは、フーコック島をリゾートアイランドに改造しようと、遊園地、ゴルフ場、カジノ等が建設され、一大観光地として変貌しつつある。

さて、このフーコック島でハーフマラソン大会に参加したのは2013年5月。まだまだ観光が進んでおらず、手付かずの自然が存分に残っている時のことだ。

「えーーー!? あの、フーコック島でマラソン大会が開かれるの!?」と、ホーチミン走る会のメンバーは皆、大いに驚いた。「そんな危険そうな場所でマラソンなんか……」という発想にはならない。皆、ベトナムで面白いネタに飢えている連中ばかりだ。たちまちの内に10名程のフーコックマラソン大会への遠征隊が結成されることとなった。まー、遠征隊とはオーバーか。皆、「マラソン大会」に参加しつつも、「旅自体を楽しみたい！」というノリで参加を表明。以降、マラソン大会には参加するが、大会が開催されるスポットで美味しいものを食べ、ビールを飲み、観光もするぞ！　というのが、ホーチミン走る会メンバーのマラソン大会参加スタイルとなってくる。

今回のフーコック島マラソン大会の主催者は「スポーティング・リパブリック」という、西洋人も運営に携わっている、しっかりとしたスポーツ主催会社。スタート・ゴール地点は、「ロング・ビーチ・リゾート・フーコック」という五つ星のリゾートホテル。参加者は、在ベトナムの西洋人が多い。なーんだ……全然危険な香りがしない。皆、大会に申し込みはしたが、特別に注意も払わなかった。果たして、注意を払わなかった我々が不注意であった事を後に知る。

大会のスタート時間は午後3時30分からだった。主催者からは「乾季の気持ち良いシーズン。午後に良い風が吹き、夕方にかけてクールダウンされる、最高の時間帯！」との説明であった。が、実際には乾季が終わり、ちょうど雨期に突入しようとする、湿度の多い時期。日中は35度まで気温が上昇、スタート時間の午後3時30分など、暑さ真っ只中《ま ただなか》なのであった。繰り返し書くが、35度である！　体温と、さほど変わらない。朝方であれば、25度前後であるが、なぜにこのような時間がスタート時間に？　マラソン大会とは、東京オリンピックに於いても、少しでも涼しい時間に走ってもらおうと、開催地を東京から札幌に変えてしまったくらいにセンシティブなスポーツなのに……。後になって分かったのだが、開催日が土曜日であったので、土曜日の早朝スタートだと、月～金に働くサラリーマンが飛行機に搭乗して参加出来ない為の配慮のようだった。「土曜日の朝にハノイ、ホーチミン等都市部から飛行機でフーコック島へ飛んでもらう。お昼にホテルにチェックイン。午後から走って下さーい」というのが趣旨。主催者側の「ロング・ビーチ・リゾート・フーコック」による集客マーケティングのようだった。午後にスタートするマラソンというのは初めて！　ある意味、面白いネタを探すホーチミン走る会メンバーの期待には、沿えたと思われる。

予定通り、午後3時30分にスタートとなった。マラソン大会のコースは海岸沿い。海の風に吹かれながら、広大な海を見ながら……という訳には行かなかった。2013年当時のフーコック島は未舗装道路だらけだった。そんな、景色を楽しんでいる余裕は無く、道路コンディションに注意が払われる。赤茶けた大地、雨期によるスコールで出来た水たまり、埋められた地雷（そんなものは、無い）……。おまけに、私は当時、「BORN TO RUN（走るために生まれた）という本の影響で裸足《はだし》感覚のシューズに凝《こ》っている状況。私が履いていたのはVIBRAM（ビブラム）という、靴底がペラペラに薄いランニングシューズ。靴底が薄くペラペラ……となると……小石を踏んだだけで「ギャー」と悲鳴が出る状況。未舗装道路で、悲鳴が出る状況が続く……。「ギャー、ウワー、ア、チョッ、ヒー、ギャー」と、一歩毎に悲鳴が出てくる……。しかし、人間の身体は困難に慣れるように設計されているようだ。未舗装道路で悲鳴をあげるのも、そのうちに慣れてきて、小石が足裏のツボを押すマッサージのようにも思えて、いつしか、悲鳴をあげる事も無くなった。ホント、人間の対応力は相当なものなのだと言う気がする。
気温が35度程度で暑く、未舗装道路で悪戦苦闘しながらも、ゴールに向かう。最後の局面で、困難が待っていた。何と、ゴールまであと3㎞という給水場所で、水の配給が無くなってしまったのである！　当マラソン大会は3㎞毎に給水所が設けられていた。酷暑の中、水分補給無しでは倒れてしまうような状況……。参加ランナー達は、前の給水所で水分補給してから、最後の6㎞は水分補給無しで走る事となったのだった。周りはキリングフィールドの大地で、水の売店は無し。島民はマラソンに関心が無いのか、応援もしてくれず、水ももらえず……。マラソン大会というよりは、サバイバルゲームのような大会となった。

厳しい大会ではあったが、事故も起こらずに、大会は終了した。後から振り返れば、厳しい道路も、酷暑も、水が無かった事も、「ネタ」としては、面白い。大会後のホーチミン走る会メンバーの打上会でも、走り切った「タイム」より、「どんな、面白いネタがあったか⁉」で、盛り上がる。マラソン大会後の「ランナーズハイ」という状況で、南国べトナムの夜の下、マラソンネタで大笑いしながらビールを飲むのが、我々のスタイルとなった！　以降、ホーチミン走る会メンバーは「マラソン中毒」となり、ベトナム各地のマラソン大会に出場する事となる。

9. ホーチミンのランニングコース

気候が厳しく、凸凹道が多く、バイクが走り回っているベトナム。ランニングを行いたくても、場所が少ないと言うのが実情だ。マラソン大会に出場するためにも、普段のランニングは不可欠。この項では、ホーチミン市の手軽なランニングコースを紹介したいと思う。

統一会堂

①統一会堂（旧大統領官邸）周回コース

ホーチミン市1区（新宿、梅田）のど真ん中。ベトナム戦争当時は大統領邸となっており、北ベトナム軍の戦車がこの建物のフェンスを破る瞬間の映像は非常に有名。現在は統一会堂と改名され、博物館となり、観光スポットとなっている。この統一会堂は、縦450m、横300mの長方形の敷地、一周が綺麗な1・5㎞となっている。敷地周りに歩道が完備されており、夜でも街灯が灯り、何時でも手軽に走れるランニングコースとなっている。統一会堂の正面では観光客用にドリンクも販売されており水分補給には問題無し（注：ベトナムでは、日本のようにドリンクの自動販売機が無いので、時として水分補給に困る）。統一会堂の裏に行けば、スポーツショップが何軒も並んでおり、シューズ、ランニングウェア、タオル等を購入する事も可能だ。周りには、レストラン・カフェも有り、ランニング後に食事を楽しむことも可能。正に、至れり尽くせりと言った感が有る。

早朝にはプロの女子サッカーチームメンバーも走っている。彼女らは、小柄で、こんがりと小麦色に焼けており、ジャガイモ軍団と呼ばれている。かなりストイックに走っている。どこからともなく現れて2周ほど走ると、そのままどこかへ走り去っていく。

女子ランナーを見かけると必ずナンパを仕掛けてくる名物ベトナム人おじさんランナーもいる！　女子ランナーからは相手にされて無いようだ。まー、人畜無害と言ったところで、問題にもなっていない。

このランニングコース、たまに、ベトナム人がバイクで乗り上げて走ってくるのだが、「コラ！　ここは歩道じゃ！」と日本語で一喝すれば、優しいベトナム人はバイクを止めて道を譲ってくれる。というか、「変な日本人が、走りながら怒っているから、気を付けよう」と、思われているみたいだ。

②動・植物園

ホーチミン市1区（新宿、梅田）の東端に位置している。園内はバイクの走行が禁止されているので、安心してランニングできる。が、その代わり、子供用機関車が走り、小さい子供が走り回っているので注意も必要！　園内は入り組んでおり、気の向くままに走れる。綺麗な南国の草花も、なかなかの見どころ。動物園の定番スターであるゴリラ、キリン、ゾウ達もいるが、南国の気だるい気候のせいかパフォーマンス（やる気）は見えない。ガラスケースには、トカゲが大量に入っている（おそらく、調達しやすかったのだろう）。空室に見えるオリもあり、何か動物がいるのかなと、見入ってしまうのだが、結局は何もおらず、がっかりしたり……。最も見応えがあるのは、（豪快な交尾を見せつける）ダチョウかな⁉　まあ、飽きること無くランニングをエンジョイ出来る。入場料は6万ドン（約300円）。ついこの間までは、7時前の早朝はなんと入場料が無料！　だったのだが、コロナの為か、7時前の無料サービスは無くなってしまったようだ。

③7区（白金台、芦屋）、2区（豊洲ベイエリア、千里ニュータウン）

ホーチミン市の高級住宅地域。車・バイクは少なく、正にランナー天国。HCMCマラソン大会が開催されるのも、我らが「ホーチミン走る会」が活動するのもこの地域。美味しい麺屋やカフェも充実しており、ランニング後のハイとなっている状況で仲間とゆっくりするのも楽しい。ベトナム人、韓国人のランニングチームもこの地域で走っており、挨拶するだけで、すぐに仲良くなれる。スポーツを社交的に楽しむならば、この地域しか無いだろう。尚、この地域は、ランニングに限らず、自転車で走り回るチャリダーもいっぱい。最近は、専属トレーナー付の高級スポーツジムから、ボクシング・柔術ジムなど、スポーツを楽しめる施設が次々と出来ている。私が最初にベトナムを訪れてから30数年経つが、隔世の感がある！　ここで、これだけスポーツが盛んになっているのだから、一つ、私がベトナムに言いたいのは……「オリンピックで、メダルを一つくらい取れよなーー！！」

（東京オリンピック：ベトナムメダル数　金0、銀0、銅0）

10. ハノイのランニングコース

前項でホーチミン市のランニングコースを紹介したので、今回はベトナムの首都ハノイ市のお薦めのランニングコースを紹介する。ハノイ市もホーチミン市に負けず劣らずバイクが走り廻っており、ランニングコースを見つけるのは至難の技だ。

① Hoan Kiem（ホアンキエム）湖周回コース

ハノイ市の中心部で主要な景観スポット。このホアンキエム湖は、大亀に纏《まつ》わる伝説で有名。小さい湖だが、今でも200kg級の大亀が生息しているとの伝説があり、神秘的な雰囲気を醸し出している。湖の周りには銀行、オフィスビル、郵便局、カフェ、土産物屋、銀行、デパート、劇場と建物が立ち並んでおり、湖は大都会の中の癒《いや》しスポットにもなっている。ここでは、早朝に老若男女のハノイ市民が近所から集まり湖の周りを反時計回りにウオーキングするので、彼らに混じりながらのランニングとなる。何となく、ベトナム人に溶け込んでいるような感覚になるコース。尚、ランニング出来るのは早朝のみ。というのも、朝7時を過ぎればバイク・車が走りだし、団体の観光客も来るので、ウオーキングもランニングもまず無理となるからだ。

② Giang Vo（ザンボー）湖周回コース

かつては日本の村山首相も宿泊された由緒あるハノイホテルの横に位置するザンボー湖。湖畔はセメントで塗り固められているが、バイクに悩まされること無くランニングすることが出来る。1周1㎞弱、途中で水門に遮《さえぎ》られているのでUターンコースとなる。湖畔でヨガや体操を行うハノイ人も多い。湖畔に、燃えるような花を咲かせる火焔樹《かえんじゅ》も見事！また、釣られた後に打ち捨てられた魚の死骸、使用後のゴム製品の残骸、やばい事に使われたと思われる注射器等も落ちていたりするが、お気になさらずに……。

③ Thu Le（トゥーレ）公園

ハノイのビジネス地区となっている、Ba Dinh（バーディン）区。その地区の中心、五つ星のDAEWOO（大宇）ホテル、ロッテハノイの横に位置するトゥーレ公園。公園内の湖の周りがランニングコースとなる。直径300m程度の小さな公園だが、湖内の小島に渡るのにアップダウンもあり、小トレイルランといったところ。動物園も併設され、定番人気の象、けたたましく鳴くチンパンジー、見事に羽を広げる孔雀等、飽きることが無い。早朝には映画「Shall We ダンス?」よろしく舞踏会場があり、ダンス教室も開かれている。ここでは健康にセカンド・ライフを目指す? 御高齢の方が多数踊られており、外国人ランナーの我々がダンス教室に寄れば、かなりの人気者になれるはず!

トゥーレ公園

④ Ho Tay（西湖）

ハノイ市内のやや北側に大きく広がっているのがHo Tay（西湖）だ。1周約17㎞。日本人主催の「ハノイ・ランニングクラブ」も、この湖の周回コースで練習しておられる。

ハノイで行われるマラソン大会に、この周回コースが組み込まれることも多々あり、今や、ランナーには欠かすことが出来ないランニンググルートだ。景観も良い事から、若いベトナム人男女が憩いにやって来る。特に、湖南東部に「Thanh Nien（青年）通り」があり、アオザイを来た女性が湖を背景に写真を撮りに来る。ＳＮＳにアップロードする為、最高に可愛い容姿でやって来る。

アオザイは生地が薄く、透けて見える事も有り、男は悩殺《のうさつ》される。純白の露出度《ろしゅつど》の高いアオザイを着てくる女性が多く、この女性と親しくなるために、声をかけてナンパするのが……、あれ⁉　俺、今、何を書いてるんだっけ⁉

11. ホーチミン走る会のハイキング・カンゾーラン

ホーチミン南部にCan Gio（カンゾー）という地区が有る。漢字で書くと「芹蒢」、日本では使用されていない漢字だ。南国特有のマングローブが生い茂る広大な土地だ。1区（新宿、梅田）の人口密度が3万人／㎢に対して、カンゾーはわずかに100人／㎢。両地区は同じホーチミン市ではあるが、なんと、カンゾー地区は1区（新宿、梅田）の300分の1の人口密度しかない。この地区に「辺鄙《へんぴ》」「過疎《かそ》」といった、マイナスなイメージは無い。むしろ、「何か、出てくるんじゃゃー無いかな⁉」と、期待感が膨らむような地域だ。実際、このマングローブしかないと思われた地域を、ホーチミン走る会の強者メンバー達が開拓していった。佐原さん、木村さん、栗原さん、庄司さん等々パイオニア精神溢れたメンバー達が、土曜日に1日カンゾーを走り、安全な道を確保し、休息所を見つけ、ゴール地点を定めて行った。そして、最終的には、全行程38㎞のキッ〜イ・ランニング行程を、誰もが少し頑張れば完走できるようなコースにしてしまったのだ！　そう、ちょうどエベレストでも富士山でも、今では誰もが登る事が出来るように。

カンゾーランのスタート地点へ行くには、1区（新宿、梅田）からバスでひたすらに南下。1時間近く南下し、まずはNha Be（ニャーベ）港という河川港へ。ここでフェリーに乗り換え20分、ようやくカンゾーランのスタート地点に着く。さて「バス、フェリー」とあっさり書いてしまったが、この2つの公共機関を乗りこなすのが大変だ。バスに時刻表は無い。いや、一応、時刻表はあるのだが渋滞が読めないので、大体の目安で運行されている。バスは、ベトナムで最も「凶暴」な乗物だ。乗客を乗せるためには歩道まで乗り上げてもよい交通規則になっている為、渋滞がひどい場合、運転手は歩道上を堂々と走らせたりもする。私の考えすぎかもしれないが「お客様に乗ってもらっている」というよりは、「俺のバスに客を乗せてやっている」という態度が見える。この間などはバスに乗車すると「Hello ! How are you ? I am fine thank you !」といったフレーズが繰り返しバスで流されており、バスの運転手が英会話の勉強をしながら運行していたのだった。このように、乗れば何か「笑いのネタ」を提供してくれるようなバスに1時間乗ることになる。

フェリーも面白い。もう、日本では無くなってしまった河川を渡るフェリーである。フェリー乗場は、乗客目当てにバインンミー（ベトナム式サンドイッチ）、バインバオ（肉まん）

が売られており、走る前の栄養補給にちょうど良い。乗車運賃は2千ドン（10円）安っ！フェリーには人、バイク、自転車、車、時には牛・馬も乗って来る。フェリーは2階建て。2階まで上がれるのは、当然ながら「人」だけだ。バイク、自転車、車で乗りこんだ人は、そのままに1階に留まる事となる。フェリーの2階は爽快だ。良い風が吹く中、行く河の流れを見ながら、買ったばかりのバインミー（サンドイッチ）を食べる。走る前の高揚感もあり、気分がハイになって来る。フェリーは20分程度で向こう岸のカンゾーの港に到着する。到着すると「ガチャーーン」と大きな音を出して鉄板がフェリーから港に架けられる。その鉄板は波に合わせて動くので、挟まれないように注意しながら下船する。これにて、ようやくカンゾー港に到着。日本から来られたばかりの方などは、ここまでで紹介したバスとフェリーの旅行で十分にベトナム旅行を楽しんだくらいの濃さだ。しかしながら、時間はまだ朝の6時前。ここから、半日をかけて、カンゾーを南北に縦断する1本道・38kmのカンゾーラン・ハイキングが始まるのだ。

フェリーを降りたカンゾー港にて、参加したホーチミン走る会メンバーの記念撮影の後、スタートとなる。朝の6時スタートだ。カンゾーラン・ハイキングへの参加人数は7～15

名くらい。開催されるのは土曜不定期で、月に1回くらい。順位を競うようなランでは無い。参加者各自のペースで走る。最初の目的地は「第一休憩所」と、我々が勝手に名付けたカフェだ。距離にして11㎞。時間にして70分を目途としている。11㎞を70分というと、1㎞のスピードが6分20秒程度。サブ3、4ランナーには物足りないスピードで、初心者ランナーには少しきつい位のスピード。走りだすと、たいていは2つのグループに分かれる。言うまでもなく、速いランナーのグループと、遅いランナーのグループだ。速いランナーのグループでは、ちょっとした「かけっこ競争」を行ったりして、余裕そのもの。遅いランナーのグループには、走れなくなったランナーの為に会長や監督が、最後の控えの「殿《しんがり》」として走る。基本は、一人の脱落者も出さず、皆でゴールする事だ。「第一休憩所」までは、問題は無い。朝の6時台にて涼しく、民家・売店もちらほらあるので、途中で水分補給も可能。皆、程よい位に汗をかいて、第一休憩所に到着する。

第一休憩所で休憩すること約10分。次の「第二休憩所」を目指しスタートとなる。第二休憩所もカフェだ。距離にして12㎞。時間にして90分を目途としている。12㎞を90分というと、1㎞のスピードが7分30秒程度。軽いジョギング程度のスピードだ。しかし、条件は過酷《かこく》となってくる……。7時台に入り太陽が完全に姿を現す……暑い……。ホーチミン走る会の日曜日の練習会でも、太陽を避けるために7時で終わるようにしているのに。更に、第一休憩所から第二休憩所まで、ドリンクを売る売店は無くなる。いや、ドリンクは売っていないのだが鬼菱（オニビシ）と呼ばれる、日本では見る事が無いものが売られている。バケツをひっくり返して、その上に山盛りにして売られている。これは、水面を覆う浮葉植物の果実だ。近所の沼地から取って来たものと思われる。「牛の角」の形をしており、少々、グロテスク。果実なので水分はあるが、お味は、それなりに。

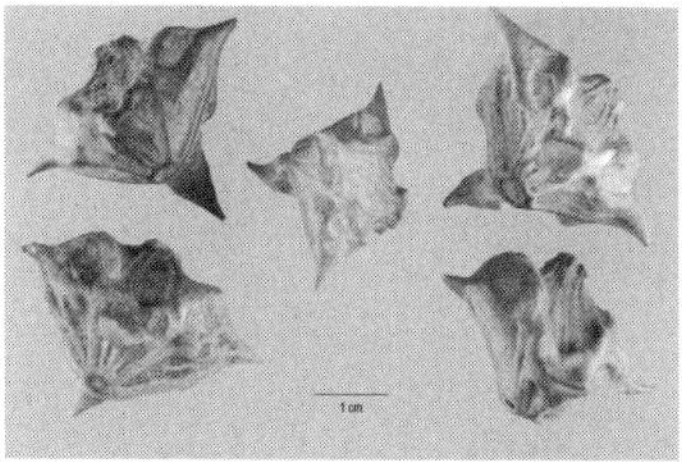

オニビシ（Wikipediaより）

あまりの暑さと喉《のど》の渇《かわ》きに、そろそろとギブアップしてくるメンバーが出てくる。ギブアップしても、心配は御無用！　走れなくなったら「90番バス」という、この38㎞を往復しているバスへの乗車が可能だ。前項で、ベトナムのバスをボロクソに書いたが、この90番バスは手を挙げれば何処《どこ》でも止まって乗せてくれるという優しいバスだ。このバスに乗れば、ゴール地点まで、ひとつ飛び。皆はこれを「ワープ航路」と名付けている。イスカンダルまではワープせず、森雪《もりゆき》の裸も見れないが（ネタが古い！）、この厳しいカンゾールートでは非常に重宝されている。

第二休憩所のカフェは、正に「陸の孤島」。マングローブの森に在るオアシスだ。ここにはハンモックも吊るされており、メンバーは十分に休息を取る。そして、ここから「第三休憩所」までの最難関ルートが待っている。第三休憩所もカフェだ。距離にして13㎞。時間にして１２０分を目途としている。13㎞を１２０分というと、１㎞のスピードが9分程度。ユックリ・ノロノロ・ジョギングのスピードだ。時刻は9時から11時、直射日光が厳しい時間帯。日が昇り、木陰も無くなる。道の両側には、錆びた車両やバイクが打ち捨てられており、映画「マッドマックス２」のような光景にも出くわす。しかし、ここまで来れば、ゴールも近い。ワープ航路を取らずに、歩いてでも第三休憩所を目指すメンバーばかりだ。

第三休憩所カフェの到着予定時間は11時。ここからゴールまでは2㎞だ。「第三休憩所など素っ飛ばして、頑張ってゴールまでも走っても良いのでは？」との意見もある。しかしながら、この第三休憩所に来るまでには、各自が自分のペースで走るので皆がバラバラになっている。ゆえ、この第三休憩所で皆が集結し、最後の2㎞を皆で仲良く走り、ゴールしよう！　というのが、感動的で美しいのである！　ゴール地点は、海辺の「カンゾーリゾート」という三ツ星ホテルだ。巨大なリゾートプールも併設されている。なんと、宿泊してなくても、3万ドン（150円）を支払えば、プールの利用が可能！　当然に皆、灼熱の38㎞を走った体でプールに入り、逆温泉気分？を存分に味わう。

走り、プールで体をリフレッシュさせれば、昼食だ。ただの昼食ではない。ベトナムの海辺のローカルレストランにて、シーフードが待っている。海辺のレストランは非常にシンプルで爽快だ。浜辺に杭を打ち立て、屋根を覆ったのみ。壁など無い。イスはビーチチェアで、半分、寝そべりながらも食事が可能。シーフードは、海で取れたての新鮮なエビ、カニ、イカ、各種魚。特にエビが美味い。ベトナムで取れたエビの7割は日

カンゾーリゾートのプール

本に輸出されるくらいなので、日本人の舌に合っている。レストランには、レストラン以外の魚介類を天秤竿《てんびんざお》に載せて売りに来る行商人も来ており、彼らからその場で買って、レストランで調理してもらう事も可能（レストランの売上が下がると思うのだが、細かいことは気にしないようだ）。調理は、煮るも、焼くも、鍋にするも良し。ベトナム定番・タイガービールも浴びる程飲み、大宴会となる。さてさて、気になるお昼の大宴会のお値段は、何と、一人当たり20万ドン（1千円）程度！ カンゾーで38㎞を走り切り、プールでリラックスし、海辺で新鮮な海鮮料理を食べながら、ビールを飲む！ これ以上の、至福の瞬間があれば、教えてもらいたい!!

海辺のローカルレストラン

12. HCMC（ホーチミンシティ）マラソンで「仮装ラン」

「仮装マラソン」という、一つの走り方がある。「スーパーマン」「キティちゃん」「バナナ」等々、着ぐるみ姿で長距離を走るマラソンだ。「きついマラソンで、重くて、動きにくい着ぐるみまでして走るなんて、アホちゃうの⁉」と、一言で片づけられても仕方ない。しかし、実際に仮装で走る人達も相当数いる。仮装マラソンする人は「仮装マラソン中毒」となっている人も多い。更には、周りの人にも勧めてしまうという伝染性まである。仮装マラソンのメリットを左記に挙げさせてもらうと、

1. 応援してもらえる。仮装をすれば、ただの1ランナーでは無い。沿道からは「キャー、スーパーマン！」「キティちゃん頑張れー」「行け！　バナナー」等々、知らない人からも、いっぱい応援してもらえ、元気に明るくゴールを目指すことが出来る。

2. 友達が出来る。よーし、お前が「アンパンマン」なら、俺は「バイキンマン」だ！　と、仲間と張り合うも良し。一緒に「バービー人形」コスチュームを考えましょう！　と、

デュエット、トリオを組むも良し。大人になってからも、真面目にふざけ合える良い機会だ。

3.

充実感が大きい。仮装で走るのは大変だ。ゴール到着も遅くはなるが、ゴール時の喜びは更に大きい。ついつい、同じ42㎞を走るのでも、普通に走っているランナーより偉大な事を成し遂げたような感覚を持ってしまう。

つまり、何が言いたいかというと「仮装マラソンは楽しい！」のだ。マラソンは速く走れた方が良いのだが、それよりも「皆で楽しく走ろうよ！」というのが、ホーチミン走る会の理念だ。ホーチミン走る会メンバー全員が仮装で走れば、どれだけ素晴らしい事だろう!!

皆で仮装ランするのにちょうど良いマラソン大会があった。地元のホーチミン市7区(白金台、芦屋）で行われている「ＨＣＭＣ（ホーチミンシティ）マラソン」だ。ホーチミン走る会の練習会コースとも重複しており、庭を走るような気軽さだ。大会は、１９９２年から毎年行われている。初期の頃は５㎞、10㎞及びハーフマラソン大会(21㎞)までだった。

２０１７年になりようやくフルマラソン大会（42・１９５㎞）まで実施。最近は、サロンパスの久光製薬がメインスポンサーにつき、大いに発展した感がある。このＨＣＭＣマラソンには、大きな目玉がある。７区（白金台、芦屋）の東端にあるPHU MY（フーミー）橋越えだ。フーミー橋は全長２千１００ｍ、高さ１４５ｍ。高速道路をズンズンと５㎞走ってからフーミー橋にたどり着き、一気に橋の頂点１４５ｍまで駆け上がるという気持ち良い（しんどいとも言う）コースだ。大会側からの宣伝も「フーミー橋を克服せよ！」と、挑戦的だが、素晴らしい。大会ではランナーはフーミー橋を往復する。往復は、フーミー橋の片側の狭い歩道を、登る者と降りる者がすれ違いに走る。そう、正にこの「橋の狭い歩道をすれ違う」のが最良ポイントだ！この壮大なフーミー橋のこのポイントを仮装ランで走れば、目立つことは確実！　すれ違いざまにハイタッチを求められる事は必須！　日本人仮装ランナーがベトナム人ランナーの度肝《どぎも》を抜くのは間違いない！

ＨＣＭＣマラソンでの仮装ランが大成功すると確信した私。思ったら行動は早い。２０１６年当時、私はホーチミン走る会の会長を拝命したばかりの時期。柄《がら》にも無く張り切っており、「何か、大きなことを残したいなー」と野望まで抱いていた（このあたりの思考回路は、会社で社長に就任したばかりの新米サラリーマン社長と同じ。社内の意見を無視して事業を断行し、大滑《おおすべ》りしてしまうのと似ている)。皆で仮装ランをするべく、まずは共有メールで下記の文章を皆に送付した。


『「ホーチミン走る会メンバーの皆様」

マラソン大会が増えてきた中、皆様、目標に向けて精進されていることと思います。

２０１６年1月24日（日）、ＨＣＭＣマラソンが開催されます。毎年、我々の会からも多くのランナーが参加し、モニュメント的な大会となりつつあります。今度の大会におきまして、「ホーチミン走る会会長命令」により強権発動させて頂きます。

「ＨＣＭＣマラソンにて、ホーチミン走る会メンバーは仮装にて参加すること！」

仮装と言えばコスプレであります。今や、日本を代表とする文化の一つ。日本のコスプレは無形文化遺産への登録も進んでいる由。大会では多くのベトナム人ランナー、海外からのランナーも参加します。我々日本人ランナーの意気込みを我々の文化「仮装ラン」で披露致したく思います』

12. HCMC（ホーチミンシティ）マラソンで「仮装ラン」

第1回目仮装ラン

うむ！　我ながら、立派な文章だ！　会長としての確固とした意志が感じられる！　しかしながら……、当メールを皆様に流してから、練習会で会ったメンバーからの反応は……「どうして、私は真面目に走ろうとしているのに、仮装しないといけないの？」「上野さんは、ホーチミン走る会を私物化している！」「私、仮装はしません」等々。人間、否定されるとつらいものだ……。もちろん、仮装ランに賛同してくれる人もいる。ホーチミン走る会メンバー佐藤さんは、スタート地点近くの自分の部屋を仮装の着替え室として提供してくれた。いつもながら、

献身的なメンバーにより会が成り立っている事を痛感する。さてさて、皆は仮装ランしてくれるのだろうか⁉

成否の結果から言うと、2016年1月24日、我々にとっては記念すべき第一回仮装ランは、「まずまずの成功」となった。仮装の姿を紹介すると「ドラえもん、ドラミちゃん、ウオーリー、セーラー服、猫、巨大魚、聴診器を持つドクター、パーマ鬘《かつら》、木枯し紋次郎、サッカー日本代表、顔の日の丸ペイント、後頭部のIRONMANカット、神様」合計13名の勇士！

ランナーさえ少ないこの国で、仮装で走る我々は奇異な目で見られたかもしれない。ドラミちゃんは可愛く、女性見物客の一番人気！　顔の日の丸ペイントは、ペイントが爛《ただ》れて不気味だったとか……。いずれにしても、ホーチミン市民を我々が震撼《しんかん》させた事は事実だ。私自身も、自分のアホな提案に乗ってくれた皆に感謝の気持ちで一杯だ。やはり、やって良かった！　次も頑張ってやるべきだ！

2回目の開催は1年後の2017年1月15日。HCMCマラソンは毎年1回、1月に開催される。以降、我々の仮装ランもHCMCマラソン開催に準じて1年に1回行われることとなる。メンバーの中では、1年間じっくりと考えて準備してくる方が出始めた。「準備」と言えば、ベトナムで仮装の準備を行うのは難しい。理由は簡単、ベトナムでは仮装グッズが、日本のように売られていないのだ。ハロウィンの時期になれば、ベトナムでも仮装グッズが出てくるが、ハロウィンは10月31日で終わるし、種類もモンスター系ばかり。日本ならば東急ハンズで楽しい仮装グッズを買うも良し、楽天・アマゾンでポチるのも良し、SMアダルトグッズ店（ナース系、女子高生系、レースクイーン系等充

第2回目仮装ラン

実！）も有るし、よりどりみどりだ。メンバーの間では、お互いの仮装準備を聞き合い、日本に帰るスケジュールを聞いて仮装グッズのベトナムへの持ち帰りをお願いしたりするなど、交流も盛んとなった。「厳しくストイックに走る会と思ったら、楽しそうな会なんですね！」と、ホーチミン走る会のイメージが良くなり、垣根が低いと思われ、入会する人も出てきた。私は確信した。皆、本当は仮装ランをやりたいんだ！　やりたいけど、背中を強く押してくれる人がいなかったのでやらなかっただけなんだ！　と。皆に仮装ランするよう、更に背中を強く押した。メンバーに会うたびに「仮装、仮装、仮装」と口酸っぱく言い続けた。2回目の2017年度の大会はフルマラソン42㎞が新設されており、仮装は更に厳しい。さてさて、皆は仮装ランをしてくれるのだろうか⁉

成否から言うと、2回目の開催は、「1回目を上回る成功」だった。父母子3人で仮装に挑む家族、昨年は「仮装はしません！」と言いながら今年はチャレンジしてくれた女性メンバー、モーモー牛・ヒヨコ等巨大な着ぐるみも出てきた！　今回の仮装の姿を列記すると「アイアンマン、ハンマー、ドラえもん、エンゼル、ウサギ・ナース、モーモー牛、ヒヨコ、原始人、ドクター、キティちゃん、木枯し紋次郎、パーマ鬘《かつら》、菅笠《すげがさ》、お祭り・は

第3回目仮装ラン

っぴ、アオザイ男、アオザイ女、」合計16名の勇士だ。

第3回目の開催は2018年1月14日だ。この頃になると、我々ホーチミン走る会メンバーの中では、「HCMCマラソンは仮装で走るのが当たり前」という雰囲気になっている。第3回目は、仮装ランナーは少数となったが、少数精鋭! 一番人気は佐原さんの「招き猫」で2018年の十二支の干支《えと》も意識している(注:ベトナムでは十二支の4番目がウサギでなく猫である。理由は、ウィキペディアでも見てちょうだい!)。干支の動物であり、更に巨大な被《かぶ》り物であったため、この時の佐原さんの「招き猫」は、ベトナムのネット上で盛んにアップされた。内藤さんの三玉ジャグリング（サーカスで見るお手玉）も見事だ。ジャグリングしながら、見事にフルマラソンを完走！　大会のホームページにも、ジャグリングしながら走る様子がビデオ映像でアップロードされた。この時の仮装の姿を列記すると「招き猫、ドクター、ピコ太郎、東京オリンピックはっぴ、ベトコン、カラ松くん、犬のお面、大根、菅笠《すげがさ》、三玉ジャグリング、ベトナム少数民族」合計11名の勇士だ。

第4回目の開催2019年から、第6回目の2021年までは、我々の仮装マラソンの最盛期だ。この頃になると、大会主催者側も我々仮装ランナーを意識し始めたようだ。ある時の大会主催者のSNSサイトを覗《のぞ》くと、「昨年参加した外国人の、どちらの仮装ランナーが素晴らしいか？」の見出しで、我らが山本さんの「木枯し紋次郎仮装」と、西洋人の「アオザイ衣装」の、SNS閲覧者《えつらんしゃ》投票によるコンテストが行われていた。私が見た時にはコンテスト締切3日前で、山本さんの木枯し紋次郎衣装は20票、西洋人のアオザイ衣装は40票獲得で、負けている状況。これではイカン!!　と、私からホーチミン走る会メ

木枯し紋次郎仮装

ンバーに山本さんの「木枯し紋次郎仮装」を応援するように要請！　結果、土壇場で逆転し、「木枯し紋次郎仮装」が53票、アオザイ衣装は50票で、山本さんが勝利したのだった！　って、賞金も何ももらえていませんが。

大会の公式ウェブサイトを見ると「コスプレ（仮装）ランナーを歓迎します!!」と、大きく打ち出してくる。強烈なのは、大会での立て看板！　我らのタマちゃんが「マンガ日本昔ばなしの小娘」仮装にて、大きくアップされた！（後ろには、よ〜く見ると、半ボケで「サンタクロース」仮装の私も写っている……。）更には、大会主催者からは、大会の順位とは別に、「優秀なコスプレ（仮装）ランナーを正式に表彰します」との案内も出た。以降、我々ホーチミン走る会メンバーは、優秀コスプレ部門の受賞常連者となった。

また、HCMCマラソンに限らず、他のマラソン大会にも仮装で出場するメンバーが出てきた。そして、出場する大会では大きな注目を浴びた。佐原さん、タマちゃん等はそ

大会の立て看板：
まんが日本昔ばなしの小娘と
サンタクロース

の第一人者として、ベトナムの各大会のウェブ上に仮装姿で登場している。

最も凄かったのは栃岡さんだ。妻子有りの40代男性。特段のイケメンという訳ではない。しかしながら、行動がスマートで独特のオーラを発している。栃岡さんの仮装デビューは、ＨＣＭＣマラソン前の別のフルマラソン、コナンでの仮装であった。コナンのシンボルである白いシャツ・青いジャケット・赤ネクタイ・大きなメガネ。これだけの仮装であるが、独特のオーラが多くの女性を引き寄せたようだ。マラソンのゴール直前に、花嫁衣装で花束ブーケを持った女性ランナーからアタックされ、手に手を取ってゴールするというハプニングにまで見舞われた！　ちなみに、この花嫁衣裳ランナーの女性、本当にフルマラソンを走り切ってゴール地点にいたのかどうかは不明。ゴール地点で良い男を待ち伏せしていたのでは⁉　との疑いもある。ゴール後、花嫁衣裳ランナーは、栃岡さんのＳＮＳアドレスを見つけ出し、コンタクトもしてきたようだ。良き家庭人の栃岡さんと花嫁衣裳ランナーが、その後、どうなったかは不明。

栃岡さんの活躍は続く。更にその翌週の、日本人学校小学生を対象に行われた日本商工会マラソン大会では1・5㎞走に小学生を相手にコナンの仮装で出場（大人げ無いとの意見もある！）。見事に最速タイムで優勝！「コナン、速えー」と、一躍、日本人学校生徒のアイドルとなってしまったのだった。

栃岡さんの快進撃は、更に更に続く。2021年1月のHCMCマラソン第6回目大会においてはメン・イン・ブラックの仮装で登場。見事に決まった黒いスーツに黒のサングラス。圧倒的な支持を得て、当大会のコスプレ部門ベストドレッサー賞に

コナンの仮装で1.5㎞走、優勝！

コナンと花嫁

メン・イン・ブラック仮装

輝いたのだった。大会後、栃岡さんのSNSアドレスには、見知らぬ女性からのメッセージが殺到したという。何とも、素晴らしい（羨《うらや》ましい）話だ。ちなみに、私は毎年サンタクロース仮装で走って来たのだが、女性ランナーからのアプローチは全く無し！

２０２１年第6回目大会後には、大会主催者から我々にメールで連絡があった。『日本人コスプレランナーの皆様　毎年、我々の大会にコスプレにて出場頂いている事、大変に有難うございます。お陰様で、我々の大会も活気づき、大変に嬉しいです。ここに、幾年の皆様の協力への気持ちとしまして、ささやかでは有りますがプレゼントを送呈致したく思います』との事。うわー、嬉しい！　アホな仮装を率先しただけで、大会主催者に感謝され、プレゼントまでもらったよ！　ベトナム人は義理に厚い。もらった恩義には必ず報いる素晴らしい民族だ。今回は、我々の仮装ランを心底有難く感じてもらえたから、大会主催者が報いてくれたのだろう。もう本当、その気持ちだけで十分だった。ちなみに、プレゼントの内容は、大会スポンサー企業・スポーツクラブの期限6カ月、無料トレーナーチケット1時間分を20枚。走る会メンバーの希望者にトレーナーチケットを配り終えてフィニッシュ。その後、ベトナムでは新型コロナが蔓延！スポーツクラブ等は真っ先にロックダウンとなってしまったので、皆は無料トレーナーの恩恵に預かれたかどうかはよく分からず。だがもう本当、大会主催者の気持ちだけで十分だった。

記録として、2019年度から2021年度の仮装ランナーの内容を挙げる。

第4回目2019年1月13日「お相撲さん2人組、セーラー服4人組、NARUTO2人組、カラーパーマ2人組、さかなクン、セーラーム

第4回目仮装ラン

第5回目仮装ラン

ーン、ムエタイ、お祭り・はっぴ、コナン、ミニオンズ、アオザイ女、パンダ、ビール瓶、木枯し紋次郎、オペラ座の怪人、ブタのお面、三玉ジャグリング、熱狂サッカーファン・日の丸ペイント」合計24名の勇士。

第5回目 2020年1月5日「ピカチュウ、うまい棒、囚人、落ち武者、マンガ日本昔ばなしの小娘、ドラえもん、東京オリンピック・はっぴ、スーパーサイヤ人、アオザイ男、ウオーリー、大根、サンタクロース」合計12名の勇士。

第6回目 2021年1月17日「アオザイ女2人組、NARUTO3人組、イチゴ、ちょんまげ浴衣、お相撲さん、海賊、忍者、ピエロ、瓶ビール、聖徳太子、東京オリンピック・はっぴ、ピカチュウ、メン・イン・ブラック、ちょんまげ、ラグビーワールドカップ代表、スライム、大根、サンタクロース合計21名の勇士。

素晴らしい！　よくぞ、ベトナムという異郷の彼方で、仮装でマラソンを走ったものだ！

その後、2022年1月予定のHCMCマラソンは新型コロナ蔓延《まんえん》の為に1年間延期。2023年1月には開催されたが、以前のような仮装ランの盛り上がりにはならなかった。今後のHCMCマラソンで、素晴らしい仮装ランが活気づくことを期待する。

第6回目仮装ラン

13・ダナン・インターナショナルマラソン

ベトナムで、早い時期に完成度の高い42㎞マラソンが行われたのが「ダナン・インターナショナルマラソン」だ。第一回目が2014年で、今でも毎年行われている。急速に発展を遂げている国際都市ダナン。首都ハノイと商業都市ホーチミンのちょうど真ん中に位置しており、両都市から飛行機で1時間。太平洋岸の大きな港も持ち、ここから内陸に100㎞も行けば隣国ラオスの国境。大きな地理優位点を持ち、この10年では最も発展した都市かと思われる。

龍(ドラゴン)橋(出典Wikipediaより)

My Khe(ミーケー)ビーチと呼ばれる美しいビーチ、半島と都市部を結ぶ壮大な観光スポットとなっている「龍(ドラゴン)橋」を見ながら走る等、見所たっぷりの大会だ。海に近いので海水産物が安くて美味いのは当たり前。ダナン名物Mi Quang(ミークアン)という太くて歯ごたえのある汁無し麺もお薦めだ。

ホーチミン走る会からも、毎年20名弱が参加する。時期が8月の夏休みシーズンという事も有り、家族を連れて参加するメンバーも多い。ダナンに住む日本人もおられ、もちろん参加される。「ダナン中村爺」と自称する齢70歳を超える元気なランナーが当地に生息しており、日本人ランナーがダナンに訪れると温かく迎えてくれるのも安心だ。ホーチミン走る会メンバーがダナンで宿泊する定番ホテルは、大阪出身の女将エリさんが経営する「エエナ・ホテル」。マラソンスタート地点から、歩いて3分ほどの好ロケーション。日本人ランナーの為に大会前夜祭を開いてくれ、大会当日朝には「必勝おにぎり」をご用意頂けるという涙ながらの接待も頂ける！

大会のスタート・ゴール地点は、美しいミーケービーチ中心のBien Dong（ビエンドン）公園。コース説明をしよう。ここは半島になっておりビーチ沿いに走り2km

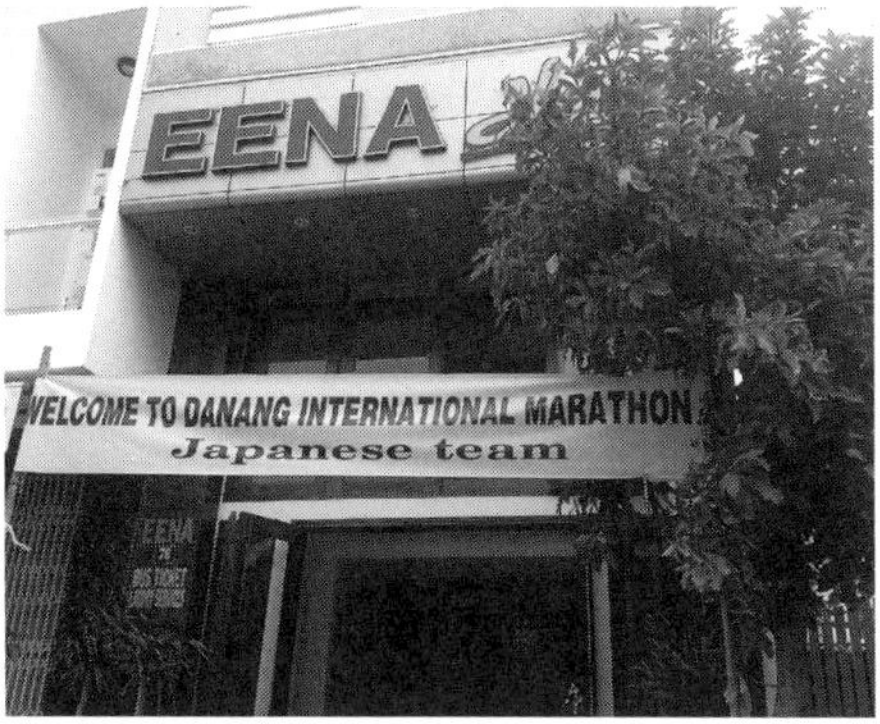

日本人宿：エエナ・ホテル

ほど南下する。次に西へ折れて橋を越え2㎞走ると市街地に入る。次に発展したビジネス街の市街地を6㎞ほど北上する。次に東へ折れて橋を越え再び半島に戻り、半島の山間部を6㎞ほど走る。最後に再びビーチ沿いに5㎞ほど走り、スタート地点のビエンドン公園に帰って来る。これがハーフマラソンコースで、フルマラソンコースは同じコースを2周走る事となる。美しいビーチ、発展する都市部、大自然が残る山間部と、見どころいっぱいだ！

マラソン中は水、ポカリスエット、バナナ等のおもてなしの給水・給食も充実。ベトナムの大会で最も気になる「救急対応」も万全。これについては、ホーチミン走る会の若きエース・レッドさんが体調不良で倒れた際に、大会側の救援部隊に点滴・緊急搬送等してもらう事により、身をもって証明してもらった。

ハーフマラソン（21㎞）とフルマラソン（42㎞）では、ゴール時の対応が全然違うというのが特徴……!? ハーフマラソン・フルマラソン共に早朝にスタートするが、ハーフマラソンのゴール時間は、だいたい6~7時頃。6~7時頃といえば、太陽が昇り、街が活気づく時間帯。ゴール地点のビエンドン公園での主催者・見物客（特にダナンギャル達）

の黄色い声援が凄い！　ゴールされる方の名前・ゼッケン番号が読み上げられ、ゴールラインを切る度にキャーキャーと歓声が上がる！　しかし、ベトナム人は一般に熱しやすく、冷めやすい……。フルマラソンランナーが帰って来る時間は8～10時頃。この時間帯になると、太陽が昇り、急激に暑くなる。主催者側の応援の声はいつの間にか止み、路上で応援する見物客（特にダナンギャル達）はどこかへ雲散霧消《うんさんむしょう》しており、フルマラソンランナーには人気《ひとけ》の少ない静寂《せいじゃく》なるゴールが待っている……。

「インターナショナル」と冠《かん》されているダナン・インターナショナルマラソンだが、インターナショナルという名にはそぐわないんじゃゃーないかなーと思われる点も有り。それは、このマラソン大会ではベトナム人参加者と外国人参加者の参加費が違うという「二重価格制」を採用している事。例として2023年8月6日に行われた当大会ではベトナム人参加費が121万ドン（6千50円）であるのに対して、外国人参加費が195万ドン（9千750円）と、6割近く割高だ。「SDGs（エスディージーズ）ナンバー10：人や国の不平等をなくそう」には、思いっきり抵触している。また、海外に移住したベトナム人はどうなるの？　ベトナムに帰化した外国人はどう？　という疑問も湧いてくる。昔は二重価格制もチラホラと見られたが、今や飛行機代も、列車代も、バス代も、レストランでの価格も、マッサージの価格も、ベトナム人・外国人共に平等だ。時代遅れの制度を見直して、外国人の財布（例：私の財布）に優しいマラソン大会になってくれることを望む。

2016年の大会では、ホーチミン走る会の韋駄天《いだてん》・石田さんがフルマラソンにて3位に入賞した。ゴールシーンのガッツポーズが素晴らしく、ダナン・インターナショナルマラソンの宣伝に活用され、ウエブサイト・トップにも掲載された。そして7年経ち、現在2023年、石田さんガッツポーズは

2016年大会3位入賞の石田さん。
ガッツポーズが素晴らしい。

看板となり、依然としてダナンの街中に大きく掲げられている！　石田さんが時代を超えて素晴らしいのか、他にネタが無いのかは不明。

いつまでも若い30代のままに（現在、40代中年）、ダナンでガッツポーズを続ける石田さんは、素敵だ。

2023年現在でも、ダナンの街中に看板として掲げられている石田さん！

14. 暑い暑いクイニョン・マラソン

ベトナム中南部Binh Dinh（ビンディン）省の省都Qui Nhon（クイニョン）で行われるのが「クイニョン・マラソン」だ。前項で紹介したダナンから更に南に200㎞程の位置。ちなみに、ベトナム中部の人達は、辛抱強く、勤勉だ。特にこのビンディン省の方は秀でている。実際、私がベトナムで働いた20年間でも、ビンディン省出身のスタッフ達はとても優秀で、よく助けてくれた。今でも彼らとは繋がりもあり、彼らの情も厚い。第一回目のクイニョン・マラソンが開催されたのは、割と最近の2019年。以降、コロナの為に中止となった2021年を除いて、毎年開催されている。

ホーチミン市から飛行機1時間でクイニョンには到着するが、余裕があれば列車で行くのが面白い。夜の20時にホーチミン市駅を出発、クイニョン駅到着は翌朝10時、寝台列車14時間の長旅だ。チケット代は30万～100万ドン（1千500円～5千円）程度と、席により大きく価格は違うが、飛行機よりは遥《はる》かに安い！　この列車には、格安でクイニョン・マラソンに出場しようとするベトナム人・外国人が多く乗っており、列車による長旅で友好を深められるチャンスが大きい。ただ、注意点が一つ。一般にベトナム人は列車・車等の乗物に弱く、列車の中で吐いてしまうベトナム人も多い。私が列車に乗った時は4人部屋の寝台列車。一人のベトナム人女性が吐いてしまった。彼女は、嘔吐《おうと》袋に吐いたのだが、なぜか、その嘔吐《おうと》袋を部屋の服掛けフックに掛けたまま寝てしまった……。おかげで、4人部屋の中は酸《す》っぱい匂いが広がり、ネズミ・ゴキブリもやって来て（本当！）、不愉快指数200%の列車旅となってしまった。

クイニョンでの前夜祭・後夜祭のいつもの場所は日本食レストラン「SHO（昇）」だ。ホーチミン走る会メンバー20人近くが押しかけても大丈夫な大座敷部屋があり、頼もしい。更に、このレストラン「昇」には、ホーチミンで1990年代から「おはん」という伝説的な日本食レストランを経営されていた一本気な料理人「板野さん」がおられるので、味・サービスともに抜群だ。クイニョンという、日本ではほとんど知られていないベトナムの地方都市にも、日本人が頑張っているのだなーと、感銘を受ける。

第一回クイニョン・マラソンのフルマラソン参加者は約600名。ベトナムでは大規模な方だ。大会の主催はVN EXPRESS（ベトナムで多くのマラソン大会を主催）、

ＦＰＴ（ベトナム最大手のＩＴ企業）、そしてビンディン省（今回のクイニョンマラソンの在る省）の３者で、強力だ。特に、ビンディン省の力が大きいと思われ、地元の若くて、元気で、情熱的なビンディン市民が大会をサポートしてくれ、給水所の対応も完璧だ。

ホーチミン走る会からは、記念すべき第一回目大会という事で（怖いもの見たさで）、20名近くが参加。70歳近いダナン中村爺から、日本で駅伝選手であった17歳のスーパー女子高生・千春ちゃんまで、幅広い。

市内と半島をつなぐティナイ橋

フルマラソンのスタートは朝4時だ。陽が昇ると暑いので、ベトナムでは平均的なスタート時間。クイニョンは港町。スタートして３㎞ほどは、漁業関係の商店・民家が続く。次の３㎞ほどは、エビの養殖場が続く。次の３㎞はThi Nai（ティナイ）橋を渡る。クイニョン市内と半島をつなぐ、壮大な橋だ。そろそろと夜が明けようとしている時間にこの橋を渡ると、東の太平洋から御光が差し、神秘的で神がかった雰囲気に包まれる。ランニングハイも手伝い、とてもいい気分だ！　ここまでで9㎞。問題は無い。

問題は、ここからである。9㎞地点からは、ぐるりと半島を1周して24㎞を走る事になるのだが、この半島が地獄の釜土《かまど》のように茹《ゆだ》っているのだ！　半島ゆえに、両側は海である。両側の海から照り返った太陽光が、半島に降り注いでいる。半島の内部は工業団地用地として造成され、草・木も刈られ、砂漠のようになっている。茹《ゆだ》った、日陰が無い道が延々と24㎞も続くのだ。半島からの折り返し帰り道、3㎞のティナイ橋も、3㎞続くエビの養殖場横も日陰が無く、合計30㎞ほどは、暑さとの戦いになる。「草も、木も無いー、ジャーングールーにー♪」と、暑さで何も考えられなくなった頭に、タイガーマスクの主題歌が連呼される。

この第一回大会時の私のタイムは6時間40分。20㎞地点で暑さにやられてしまい、その後はずっと歩き通しての42㎞ゴールだ。灼熱《しゃくねつ》の中を20㎞以上歩く……。よくぞ、素晴らしい経験をしたものだ。ゴール時には、完全に熱中症となっており、へたり込んで歩けず、ビールを飲んでも吐いてしまう状態。一緒に参加したホーチミン走る会メンバー20人にも、ずいぶんと心配をかけた……。と？　私以外のメンバー20人は、暑さにはやられていない様子……!?　少し、聞いて、理由は分かった。ほとんどのメンバーは、暑い暑い半島の地域を、日が昇る前にサクッと走り切ってしまったようだった。普段はフルマラソン5時間30分ペースで遅い私のみが、暑さの被害を受けたようだった。

厳しい大会だったが、後で振り返れば、それも楽し。私は２０２０年に行われた第2回目の大会にも参加し、暑さ対策万全で臨み、そこそこのタイムで走り切ることが出来、リベンジは出来ている。

尚、第一回目大会のハイライトは、女性のタマチャンがセーラー服仮装ランでフルマラソン入賞！　見事に８２０万ドン（４万１千円）を獲得……、が、そのうちの１２０万ドン（６千円）は「カバン」の現物支給だったとさ。

15. リーソン島・マラソン

「おらがー島にも、やっどこさーマラソンがやって来た！」というような感想を、島民は持ったと思われる。ほんまかどーか、知らんけど……。

Ly Son（リーソン島）は、前項で紹介したダナンとクイニョンの間にある、Quang Ngai（クアンガイ）省の沖合に浮かぶ島。主《おも》な産業は「ニンニク（ガーリック）」で、島中にニンニク畑が広がる。面積は9・97㎢。淡路島（592・2㎢）の約1／59という小さな島だ。小さい島ながら、軍事的な意味合いが大きい。このリーソン島より沖合に、中国と領有権争いとなっているスプラトリー諸島（南沙諸島）があるからだ。何時、中国軍がこのリーソン島まで上陸してくるのかとの緊張感があり、小さい島に多くの軍人が駐屯し、山の上にはレーダーが設置されている。驚くことに、観光客であっても、中国人のリーソン島への上陸は禁止！　ゆえに、中国人が参加出来ない大会となっている。

主催者は「Tien Phong（ティエンフォン）マラソン」という団体だ。何と、第一回開催が1958年ハノイ。詳細は分からないが、ベトナム戦争中も行われていたようだ。今回は第61回目。これまで60年近く、ベトナムの公式選手競技として開催されてきたらしい。今では毎年、主催地を変えて開催されている。主催地は、中部の象で有名なPleiku（プレイク）、ベトナム戦争時の流刑地Con Dao（コンダオ）島で行ったりと、なかなか粋《いき》な計《はか》らいだ。ちなみに、毎年、主催地を変えるマラソン大会など、他に聞いたことが無い！マラソン大会を開催するとなると、マラソンルートを考え、安全面を考え、警察から通行許可を取得し、地元の協力を仰ぐなど、下準備が大変で、簡単な事では無い。普通は、第一回大会が成功すれば、そのまま同じ場所・同じルートで何回もマラソン大会を行うものだ。この面倒な下準備を、場所を変えて毎年毎年行う「ティエンフォン マラソン」という団体、非常にパワフルな団体と思われ興味がある。

マラソン大会への参加者は３００人くらい。参加するベトナム人を見ると、普段から真剣にマラソンに取り組んでいると思われる選手、学生が多い。フルマラソンの制限時間も6時間と短い（ベトナムでは制限時間は普通7時間）。いつものお祭りムードの大会ではなく、歴史があるだけに「勝負」に来ているベトナム人が多い印象だ。

さてさて、この真剣な勝負の大会に来ているのが、お祭りムードの我々ホーチミン走る会メンバー5人（佐原さん、クマさん、山本さん、村上さん、私こと上野）だ。せっかく、キレイな海に来たのだからと、着いた日の昼間は海水浴、夜は海鮮料理を楽しむと、忙しい。この島での海鮮料理は非常に高かったので注意が必要！　明らかにツーリスト・プライスだ。小さな島で、レストランも少ないので高額になるのだろう。経済学の初歩で言う需要と供給のバランスだ。「のどかな島の、新鮮で安い海鮮料理！」のイメージとは、ほど遠かった。

我々ホーチミン走る会メンバー5人は、大会へもお祭りムードで向かう。この島の主な産業はニンニクと書いたが、「ニンニク・ワイン」を発見した！　何と珍しい！　後で日本でも調べたが「楽天」でも出品は1品のみだった。マラソン前の栄養補給にはニンニクは良いと思われ、

ニンニク・ワイン

ニンニク・ワインで体調を整えたうえでマラソンに備えたのであった（注意：ニンニク・ワインと言っても、ワインにニンニクを漬けただけの製品と思われ、アルコール度数はワインと変わらない）。

真剣なランナーが多い中、ニンニク・ワインの効力？ で陽気にしている我々ホーチミン走る会メンバー5人に注目が集まる（というか、白い目が集まる……）。この日の山本さんのランニングウェアは、ドラゴンボールの「スーパーサイヤ人仮装」。外国人ランナーが少なく、他に仮装ランナーもいなかった為か、テレビのインタビューまで受けてしまい、その夜は、ベトナム全国ネットでテレビ放映までされてしまった！ 日本のテレビ番組で「YOUは何しに日本へ?」というのがあるが、外国人で少し面白いことをすればテレビに放映されてしまうのは、世界共通のようだ。

マラソン大会は、きつかった。細長い島ゆえ、海からの反射も合わせて照り付ける太陽。面積が9・97㎢しか無い島ゆえ、島を4分の3周程して折り返し、2往復するという、変則的で難しいコース（現に、私もコースを間違え、500mほど余分に走った）。制限時間は6時間と厳しかった（日本では、当たり前のようだが）ので、村上さんと私は制限時間内にゴールできず、完走メダルももらえなかった。これまで、どんなに遅くにゴールしても完走メダルをもらって「俺は頑張れたんだ!」と、自信をもらえたのだが。

きついマラソン大会も終わり、ホーチミン走る会メンバー5人で打上会となる。昨夜の海鮮料理が高かったので、町の外れの、看板も出ていないお店に突入したのだった。お店には、ハノイから来た役人と思われる客のグループがいる程度。店の女将《おかみ》が出てきたので注文する事とした。

上野:すみません。料理は何が有りますか?

女将《おかみ》:島には、ブタもウシもニワトリもいるから、何でもできるわよ!

上野:野菜は有ります?

女将《おかみ》:そこの庭に生えているから、大丈夫!

上野:えーと、料金メニューが無いんですけど……。

女将《おかみ》:そんなの、無いわよ。

上野:それだと、いくらか分からないんだけど……。

女将《おかみ》:予算はいくら? 予算に応じて、料理を作るから。

上野：へ？？？？

なんと、びっくりした！　料金メニューも持たず、予算で料理を作る店がまだ有ったんだと！　私の知る限り、30年ほど前には、ベトナムには確かに料金メニューを持たない店が存在した。当時はベトナムも貧しかった。しかも、もの凄いインフレ。物品価格が直ぐに変わり、食べ物が直ぐに欠品する状況。料金メニューの変更が頻繁《ひんぱん》に求められるために、初めからメニューを作らなかったらしい。客も貧しく、十分に食べるだけのお金が無い時など「これだけの金しかないから、金額分の料理をちょうだい！」というスタイルだった。30年前の私は、料金メニューが無い理由が分かっても、何だかボッタクられそうで、とても怖かった（実際、よくボッタクられた！）。さて、女将《おかみ》に更に聞いたところ、このお店は、ハノイから来た役人がよく利用するらしい。「そうか！」と、これで納得がいった。このお店は、古きを大切にするハノイの人達向けのレストランなんだなー、と。何だか、凄い発見をしたようで、嬉しくなって、再びニンニク・ワインの乾杯でリーソン島を満喫したのだった。

16. ベトナム最南部メコンデルタ・マラソン

メコンデルタで初めてマラソンが行われたのは２０１９年。比較的に新しい。ベトナムで行われたマラソン大会としては、最も後発となる地域だ。正直、メコンデルタにマラソンとは、どう考えてもイメージにそぐわない。メコンデルタは、ホーチミン以南の12省、雄大なメコン川とその支流が流れる地域を指す。気候が温暖で、稲作が四毛作も行え、エビの養殖も盛ん。豊かな土地であり、この地域で収穫される農水産物のみで、ベトナム全体とお隣のカンボジア・ラオスまで食わせる事が出来ると言われる。ぶっちゃけて言うと、遊んでいても食うには困らない土地。適当に種を蒔《ま》けば農作物が実るし、川に行けば魚が泳いでいる。このような土地なので、皆、性格は大らかで、あくせくせずに適当に働き、適当にコーヒー・ビールを飲んで、適当に寝て、適当に子だくさん。お金持ちはいないが、貧しい人もいない。現金収入を求めて工場勤務する人もいるが、つらいと直ぐに辞めてしまい、またゆっくりと農業に戻る。どう考えても、必死に頑張るマラソン競技は向かない土地・人柄。このようなメコンデルタで、マラソンが行われたのだ。

マラソンが行われたのはメコンデルタの中央に位置するHau Giang（ハウザン）省の省都Vi Thanh（ヴィータイン）市。ホーチミン市からはバスで5時間かかる。飛行機も飛んでおらず、バスで行くしかない。ハウザン省は省整理により２００4年に出来た新しい省だ。省都のヴィータイン市は、省都として新しく制定された。新しく制定されたのは良いが、特に経済効果を持つ市では無いので閑散とした街の印象。省都というほどの賑わいがないのだ。気の利いたレストラン、ショッピングモール等は無い模様。どうも、街興《まちおこ》しの一環でマラソン大会が開かれたような感がある。

さて、レストラン、ショッピングモールは無くてもマラソンには困らないが、大きな問題が一つ。それは、宿泊施設が無い事……。ホテルが非常に少なく、数百人のランナーの泊るところが無いのである。地元のメコンデルタにフルマラソンを走るランナーがたくさんいるとは思えない。多くは、ハノイ市・ホーチミン市など都市部からランナーが参加すると思われる。ホーチミン市からでさえバスで5時間かかるのだ。日帰りで出場できるマラソン大会ではなく、宿泊施設は必須条件。さて、この宿泊施設の問題に対する大会主催者の対応・おもてなしは見事だった！　なんと、ランナーの為に「テント」を用意してくれた！　テントなんて、「山」で利用するものと思っていたが、発想の転換というべきか、体育館の中にずらりと並んだテントを見ると、驚きの一点。たった1日のマラソン大会の為に、これだけのテントを張ってくれた主催者の労力には感服!!　ただ、せっかくのおもてなしながら、テントは快適でなかった。暑いメコンデルタの熱帯夜。空調機は、体育館に数台設置された扇風機のみで、ほぼ無風の状況。体育館内の室内温度は上昇。暑くてテントを開けると、メコンデルタ名物の巨大な「蚊（1㎝くらいある）」が襲ってくる。蚊に刺されることによる「テング熱」への感染も怖く、暑いテントを閉め切ったまま。ほとんど眠れないままに熱帯夜を過ごし、朝4時にマラソンがスタートしたのだった。

メコンデルタのおもてなしは続く。スタート5㎞地

体育館に張られたテント

点の事、学校と思われる施設から大音量のディスコ音楽が聞こえてくる。しかも、上半身裸のおじさんたちが音楽に合わせて手を振って、応援してくれている！　朝の5時前に大音量のディスコ音楽……。騒音に対してベトナム人は寛容な人が多い。家の庭でカラオケをして騒いでも、文句を言われることは無い。たまに、文句を言う人もいるが、周りからは返って「神経質でうるさい奴」という印象を持たれてしまう。そのような土地なので、朝から大音量のディスコ音楽で、おじさん達が上半身裸で踊ってくれてもＯＫなのである。ベトナムのTIK TOKを何気なく見ていると、チビ・デブ・ハゲの普通のおじさん達が上半身裸で踊る動画がかなり出てくるのだが、発祥《はっしょう》はここなのかな⁉

当マラソン大会の醍醐味《だいごみ》は、メコンデルタ名物の「運河」沿いに走れる事だ。運河と言っても、日本ではピンと来ない。しかし、ベトナムの、特にメコンデルタでは生活に欠かせないものだ。メコンデルタでは、人の行き来も、物資の運搬も、基本は運河だ。メコンデルタ中に網の目のように張り巡らされた運河を利用すれば、時間はかかるがどこにでも行ける。地盤が軟弱で車両が入れない地域でも、小舟に乗って「運河」で簡単に行けてしまうのがメコンデルタ。都心部では不要とされつつあるが、メコンデルタでは立派に生活の基本となっている「運河」を体験できる良いチャンスだ。さて、どのような運河の体験が出来るのかと言うと……、運河沿いに走ると、直進方向の運河を越える「橋」が度々出現する。この橋越えがキツイ！　橋の下に小舟が通る高さの設定になっているので、傾斜が激しい。20㎞も走った地点からいくつも出現される橋に出くわすと、足にキツイ！　いつもながら、素直には走らせてくれないのが、ベトナムのマラソンなのだ。

涼《すず》やかなヤシの葉の音を聞きながら、運河に遊ぶアヒル・ガチョウを愛《め》でながら、のどかなメコンデルタに癒《いや》されるマラソンコースがスタートから続く。しかしながら、最後に豹変《ひょうへん》するのが「最後の3㎞」。マラソン大会が主催されているヴィータイン市は、最近制定された省都である。省都の威信をかけて新造されたVo Nguyen Giap（ヴォー・グエン・ザップ）通りが最後に用意されている！　ちなみに、通りの名前になっているヴォー・グエン・ザップはベトナム独立戦争の英雄。「ベトナムのナポレオン」と呼ばれた常勝将軍だ。この英雄の名前が冠されたヴォー・グエン・ザップ通りは……「とにかく、だだっ広く、何もない！」のである。それまでにあったヤシの葉も、運河も、沿道の人も、売店も無い（給水所はある）。頭上を太陽から遮《さえぎ》ってくれていたヤシの葉が無くなり、涼《すず》しげな運河が無くなり、あるのは前後の広ーい道だけ。道に陽炎が揺らめく中を、こんがりとオーブンにでも焼かれるように走り、ゴールへ向かうのだ。

まあ、いろいろと書いたが、発展しつつあるメコンデルタの地方都市が一生懸命におもてなしをしてくれるマラソン大会だ。この新旧折り重なる発展具合がいいのだ！　これから10年もすれば、整備されたマラソン大会になるだろう。整備されると、「面白くない」マラソン大会になってしまう。そう！　面白くなくなる前に是非、発展途上の面白いマラソン大会を味わって頂きたい！

17. ホーチミン走る会コースの掃除は楽しい

2016年の練習会の後、麺屋さんで皆で朝食を食べていた時の事。佐原さんから提案があった。「我々の走るコースに感謝の気持ちを込めて、練習会後に30分だけ掃除をしようよ!」との事。「あー!いいねー!」と、その場にいた皆で可決。翌週より1カ月に1回だけ、掃除を行う事となった。

少しベトナムの悪口を書かねばならない。日本と比較してしまうと、ベトナムの路上に落ちているゴミは多い。これは、ベトナム人は不潔だ、汚いのでも平気という事では無い。ベトナム人宅に訪問すれば分かる。ベトナム人の家の中は清潔で、整理整頓されている場合がほとんどだ。であるのに、路上にゴミが落ちている。なぜか? 理由は2つだ。

一つは公的な物への意識の低さ。やはり人間、「公」よりは「個」である。まずは、自分の家の環境が大事で、路上のゴミは2の次なのだ。更には「個」である自分の仕事をはっきりさせようとする民族性もある。「これは私の仕事、こっちはあなたの仕事」と割り切ってしまうのだ。自分の仕事をはっきりと完結する事は素晴らしいのだが、自分以外の仕事はどうなっても知らないような素振りも見せ、感心出来ない。「ベトナムではお金をもらって掃除する人がいる。ゆえに、掃除はその人に任せるべき」という考え方だ。

もう一つ、路上にゴミが落ちている理由が、ゴミに対する考え方の違いだ。リサイクルが発達しているベトナムでは、ゴミかどうか判断が付きかねるケースもある。例えば、空き缶・空きビンはゴミではあっても、ゴミでは無い。それは、空き缶・空きビンを集めて金にしている人達がいる為だ。空の段ボール箱等も、ゴミでは無い。空き缶・空きビン・段ボール箱等を、試しに家の前に捨てればわかる。リサイクルで生計を立てている人達が競争するようにやって来て、跡形もなくなってしまう。田舎に行けば、タバコの吸い殻も、ばらしてタバコが作り直されているらしい。極端な例だが、ベトナムのラブホテルで使い古されたコンドームを、水で洗浄してパッケージに詰め替えて販売している業者もいた(これはさすがに、刑事処分になったようだ)。

我々がランニングの練習会を行うのは7区(白金台、芦屋)。かなり、洗練された街だ。市に雇われた清掃人が働いている。清掃車が水を撒きながらタワシの化け物を回転させてゴミを集めている。ゴミ捨てボックスも完備されている。しかし、甘い！　清掃のやり方が気に入らない。まず日本では公園やゴルフ場で使う、「ブオー」と大きな音を立てて強い風力を出す機械（電気式ブロワー）でもって、道路上から路肩へゴミを吹き飛ばす。そして路肩に集まったゴミを、次に来る清掃車が集めるという作戦だ。これでは、重いゴミは動かないし、細かいゴミは拾えないし、機械の風でゴミが上空に舞い上がる。我々、ホーチミン走る会メンバーが、日本流の徹底した清掃法をベトナムに普及させるのだ！

我々の清掃はいたってシンプル。用意するのは「30Ｌゴミ袋」、と「使い捨て手袋」のみ。これで、いつもの練習集合場所付近を手作業で30分ゴミ拾いする。すると、集まる、集まるゴミの山。膨れ上がった30Ｌゴミ袋が10袋程、すぐに集まってしまう。ゴミは、雇われた清掃人の手の届かない所にいくらでも落ちている。空き地、花壇の中、駐車場の隅、等々。ゴミ掃除を通じて気づく事も多い。路上のレンガの隙間にしっかりと入ったタバコの吸い殻をほじくりだすのは、やってみれば子供の遊びみたいで楽しいものだ。時期によってゴミも違う。テト（旧正月）後であれば、先祖供養の為のニセ紙幣・紙吹雪のキラキラ紙の燃えカス等が落ちている。ベトナムサッカー代表の試合の後は、ゴミの量は倍増する。ハ

ゴミ袋を掲げる栗原さん！

ロウィンパーティーの後は、子供のおもちゃ・お菓子の残骸《ざんがい》が多い。新型コロナが流行すると、捨てられるマスクの量が大量に。

我々の清掃に対するベトナム人の反応も良い。掃除サービスに良い印象を受けているためか、送別会ランの時等に集会場所で我々が騒いでも、苦情を言われたことは一度も無い。一緒に清掃を手伝ってくれるベトナム人も出てくる。「有難う！ 清掃終わったら、私のカフェに来てね！ 御馳走するから！」と言って下さったカフェのマダムもいる。ベトナムは、普通はタバコの吸い殻はポイ捨てなのだが、明らかに、我々の清掃する場所ではポイ捨てが少なくなった感もある。月に一回の清掃ながら、全てが好転している印象だ。義務感からやっている清掃では無く、自ら進んで、やらせてもらっている清掃だ。小さい事ながら、ベトナムにいると気付く事が多い。

18. ホーチミン走る会の宴会

我々ホーチミン走る会メンバーは、ビールをよく飲む。「美味いビールを飲みたいから走る」と公言しているメンバーさえいる。「ランナーがビールを飲んで、いいのか？」との意見もあるだろうが、我々は飲む。かつては、マラソンの瀬古選手も、早稲田大学競走部時代、師匠の中村監督に隠れて浴びる程にビールを飲んでいた。だから、速く走る為にもビールをたくさん飲む（うむ、理論明快だ！）。我々が一番良く飲むビールは「サッポロビール」。男は黙って、サッポロビールなのだ。サッポロビールを飲むのは、美味しい事も理由ではあるが、ベトナム・ホーチミン市近郊にサッポロビール株式会社が工場進出しているのが最大理由。ここで製造されるサッポロビールが、1本3万ドン（150円）という格安の値段で楽しむことが出来る。サッポロビール社は箱根駅伝のスポンサーという事もあり、ランナーも多い。ホーチミン走る会初代会長の花澤さんがサッポロビール社員だったのを始め、常に1人か2人、ホーチミン走る会メンバーにサッポロビール社の社員の方がおられる。また、日本に帰られてから、ホーチミン走る会・東京支部、札幌支部も立ち上げて頂いたのだから、恐れ入る。これだけサッポロビール社の社員がおられると、他の銘柄のビールに浮気する事も出来ず（まちがい！　浮気する気にもならず）、皆はひたすらにサッポロビールを飲む！

ホーチミン走る会に参加すると、サッポロビール社員のランナーから「美味しいサッポロビールの飲み方」をレクチャーしてもらえるのもメリット？　だ。サッポロビール社にて代々伝わる、喉越《のどご》し良く飲む為のテクニックは、宴会の都度《つど》、教えてもらえる。サッポロビール社員の皆様が、「ビールを飲んでもランニングは大丈夫！　ビールでは太らない！」と、太鼓判を押してくれるのだから、飲んでも大丈夫なのだろう。実際のところ、ビールでは太らない。しかしながら、ビールを飲むと食欲が湧いてしまうので、食べてしまい、太るようだ。

ホーチミン走る会での宴会での飲みは、基本は「一気飲み」だ。もう、日本では一気飲みは禁止されている。刑法第２０４条、２２３条とやらで、「一気飲みを強要すると、飲み会の主催者や飲酒を強要した方は加害者となり、強要罪・傷害罪・傷害致死罪・過失致

神様のお酒は、オイタラアカン！

死罪等に問われる可能性があります」との事だが、ベトナムはベトナムで「郷に入れば郷に従え」なのである。ベトナム人は、宴会の席でも仲間内でも「モッ、ハイ、バー、ヨー」という掛け声（「1、2、3、行けー」の意味）とともにビールを一気飲みしている。ゆえに、我々も一気飲みしないといけないのである（誠に、理論明快だ！）。

ホーチミン走る会での一気飲みのスタイルは、日本の総合商社の古き良き文化が浸透している。世界中のビジネスマンを相手に、飲んで仲良くなってビッグな契約を取るのが日本の総合商社マンだ。世界最強の一気飲みのスタイルなのである！　総合商社マンの上原さんが、スタイルを導入してくれた。「酒の一滴、血の一滴、この杯を飲み干せばー……」と、長い口上を述べたうえで「オイタラアカン、オイタラアカン、オイタラアカン」を周りの皆が繰り返し連呼する中で、一気飲みするシンプルなスタイルだ。シンプル・イズ・ベスト！　であり、皆が楽しく、長く続けられる。

一気飲みは、宴会芸を伴っても行われる。この宴会芸も、日本の総合商社マンから持ち込まれた。日本中のお客様を相手に、宴会芸で相手を笑わせて、ビジネス提携に持ち込むのが日本の総合商社マンだ。世界一楽しい宴会となるのである。宴会芸は、「お酒の神様」「タイムマシーン」「人間ビデオ」「梶原一気」等々。どのような宴会芸なのかは、ホーチミン走る会に参加し、体験して頂きたい。

このような、一気飲み・宴会芸は、日本では刑法の対象となってしまったので見る事、体験する事は、もう出来ない。ベトナムだから、見られる！体験できる！　楽しめる！　日本の文化で、日本では廃れてしまったのに、海外では活きているな

ホーチミン走る会の大宴会

んて、他を探してみると……空手・柔道が近いのではないか？　おとなしくなってしまった今の日本、空手・柔道の人気は今一つ、若い子が興味も持たない。しかしながら、活気のある海外では、柔道はブラジル・フランスで、空手はフランス・ロシアで、日本以上に開花している。日本では廃《すた》れてしまった一気飲み・宴会芸も、活気のあるこのベトナムのホーチミン走る会で活きている。これは、凄い事では？　文化人類学の研究対象にもなるのではないだろうか⁉

19. トレラン／サパ・マウンテンマラソン

未舗装の山中を走るトレラン。ある意味、最もベトナムを満喫出来るマラソンかもしれない。自然が多いイメージのベトナムだが、実際のところは人口密度が高く、都会にはビルが立ち並び、郊外には工場が乱立し、どこにいってもバイクが走り回っており、時にはうんざりする御国だ。映画「地獄の黙示録」「ランボー2」「ディア・ハンター」で見たリアル・ワイルドなベトナムを味わうなら、今となっては「トレランに参加する」の一択だ。ジャングルの中を、シルベスター・スタローンの演じた「ランボー」に生まれ変わった気持ちで、思う存分に走り回ることが出来る！（ちなみに、上記のベトナム舞台の映画「地獄の黙示録」「ランボー2」「ディア・ハンター」のロケ地はベトナムでは無く別の国だ。となると、我々のイメージするベトナムって、何なのだろう⁉）

ベトナムで最も人気のあるのが、ベトナム北部、中国との国境に近い景観地「ＳＡＰＡ（サパ）」で行われる「サパ・マウンテンマラソン」だ。カテゴリーは10㎞、21㎞、42㎞、70㎞、

100m、100マイルと豊富。2013年に開催が始まってから、毎年9月に行われている。9月はベトナム北部の短い秋に差し掛かる頃、山間であり涼しげで、気候は最も良い。私は、2017年度の第5回大会の42kmコースに参加した。

サパの景観は見事だ。周り一帯が峡谷となっており、美しい棚田が広がる。モン族、ミャオ族、タイ族、ヤオ族といったカラフルな民族衣装をまとう少数民族も多く暮らしており、彼らと出会えるチャンスも大いにある。

サパ・棚田（Wikipediaより）

トレランを企画しているのがトパース・エクスプローラー・グループという欧米人のスペシャリストを抱える団体だ。この団体は他にも、雄大な景色を持つプーロンで行う「ジャングル・マラソン」、素晴らしい梅の花に囲まれるモクチャウで行う「トレイル・マラソン」等を毎年企画している。面白さ・安全面・スケジュール等の点において外れが無い。ベトナムでトレランに参加するならば、トパース・エクスプローラー・グループ企画に参加するのがベストである。ベトナムでは、この団体の作ったスケジュールがトレランの基本となっている。すなわち、次の通りだ。

金曜日：大都市（ハノイ・ホーチミン）からレース地へ移動、ゼッケン配布・レースのブリーフィング（説明会）・宿泊

土曜日：真夜中／早朝レーススタート～深夜までにレース終了・大宴会？・宿泊

日曜日：レース地から大都市（ハノイ・ホーチミン）へ移動・帰宅

サラリーマン向けの素晴らしいスケジュールだ！ 金曜日1日有給休暇を取得、土曜日にランボーに変身して走る。走った後は大宴会、日曜日はゆっくりと家に帰る、月曜日からパワーアップした身体で通常の仕事に復帰！

このスケジュール・サイクルは、中毒性があるのか、はまってしまうと抜けられず、何度もトレランに通ってしまう事となる。ホーチミン走る会にも、中毒者は多い……。今回紹介する「サパ・マウンテンマラソン」もこのスケジュールの通りだ。金曜日朝にホーチミンからハノイまで飛行機で移動すること2時間、ハノイから中国との国境近くのサパま

ではバスで5時間。これは、ホーチミンから日本に帰るより時間がかかる。ハノイからサパまでは、今は高速道路のお陰でバスで5時間だが、つい最近までは列車で10時間以上かかった。最近まで高速道路が造られなかったのには理由がある。それは、ハノイからサパまで高速道路を造ってしまえば、お隣の中国から戦車で直ぐに攻め込まれてしまうと、長い間、警戒されていたからららしい。現在は、政治より経済優先！　時代は変わった！　高速道路、大歓迎！

サパに着いた同日、ゼッケンを受け取った後にレースのブリーフィング（説明会）有り。ブリーフィングは、主催者側の欧米人の司会によるコース、時間、携帯必需品等の説明。やはり、こういうブリーフィングでは、欧米人に仕切って頂いた方が、何となく聞き入って、言う事を聞いてしまう。小さい事でもオーバーアクションで、身振り手振りを交えてジョークを言いながら説明。西洋の学校では「プレゼンテーション」の授業も有るので、慣れたものなのだろう。例えば、「レース走行中に犬に出くわした時の対処方法」として、「こうして、石を投げる振りをすれば、犬は逃げてくれるんですよ！」と、野球のピッチングのマネをして笑いを誘ったりする。シャイな日本人には出来ない芸当だ。

今回のサパ・マウンテンマラソンの参加者は600人程度。世界20数か国から参加。日本人は私を含めて10人、その内6人がホーチミン走る会のメンバーだ。参加者は主催者側のアレンジするホテルに1室2人で宿泊する事になる。誰と同室になるか、主催者が勝手に決めてしまうのだが、なるべく同じ国籍同士の配慮はある。この時の私の同室者はホーチミン走る会メンバーの松尾さん。松尾さんは銀行の駐在員。すらりと背が高く、明るく、低姿勢で、有言実行、正に日本の銀行員のイメージにドンピシャの男である。松尾さんは、鼾《いびき》の大きい私と同室になって、夜は寝られなかったのでは？　と、思うが、不満の一つもこぼさなかった。松尾さんは70㎞コースを走る。42㎞を走る私とは、出発時間も出発場所も違うが、ゴール地点は同じ。後に、レース中に死闘を繰り広げる事となる。

レーススタートは朝6時。ようやく、夜が明けて空が白みかけたと同時に出発。スタートして3㎞ほどは、緩やかな下り坂。ジャングルの中を、「ランボー」の化身になって走る！　が、それも初めの3㎞のみ……。いきなりに高低差900mの登山が待っている！　登りきると、1千mの下山！　山に入ると、マラソンどころでは無い。全く未舗装で、雨に濡れて滑りやすくなっている地肌を、滑らぬように、転ばぬように歩くのがやっとである。しかも、この時の私は、「トレランシューズ」という、山用のシューズがある事も知らず、普通のランニングシューズであった。ゆえに、滑って転ぶのは合計20回を超えた。厳しい山道を越えると、次は、写真にも見る「美しい棚田」が待っている。外から見れば美しい棚田であるが、走るとなると違う！　田んぼの中を稲を踏みながら走る訳にはいかないので、「田んぼ」と「田んぼ」の境界を走る。この境界はコンクリート製の、低くて細長い壁だ。ちょうど「体操の平均台」の上を走っていくのと同じ。一生懸命にバランスを取りながら、時には「田んぼ」に足を突っ込み、泥だらけの足を抜いての繰り返し。この頃になると「ランボー」の幻想は無くなり、黒澤明監督「七人の侍」の泥仕合の世界となっている。田んぼを抜けると、また更に山が現れる……の繰り返し。ゴール地点までは高低差５００ｍ級の山を更に3つ越える事となる。

大変なのは道だけではない。山道に入ると、必ず「アブ」が追いかけてくる。アブは「温度の高いもの」と「二酸化炭素を吐き出すもの」を追いかけるので、トレラン中の我々は絶好の標的であり、本当にしつこく追いかけてくる。アブを退散させるには、トレランのポールを振り回すと効果があるらしい……。ホンマかどうか、知らんけど。山中で立ち止まると、時として「蚊」の大群も襲ってくる。蚊は、テング熱発症の源である。疲れていてもポールを手に持ちながらもパチパチと蚊を手で叩《たた》きながら、蚊のいない場所まで走らねばならない。最も大変なのは「牛」だ。今回の大会では、レース中に1㎞くらいの間、牛がランナーに並走してきた！　誰の所有する牛で、なぜ我々と一緒に走るのか全く理解できないが。よくぞ、誰も牛の下敷きにならなくて良かったと思う。

厳しいルートではあるが、やはり、山中の少数民族には癒《いや》される。一つ目の山を降りて、ヘトヘトになっていた場所でのこと。10歳くらいのカラフルな民族衣装を着たミャオ族の女の子に手招きされた。フラフラと近づくと、「手を差し出せ」のジェスチャー。差し出した手に、ミャオ族の女の子は赤い紐《ひも》をお守りと

少数民族（Wikipediaより）

して巻いてくれた。何だか、力をもらえたようで嬉しくなり、赤い紐《ひも》をゴールまで外すことは無かった。ちなみに、赤い紐《ひも》のお守り代金は1万ドン（50円）だった……。無料じゃなかったのね。山中の500m位の道を、「お歯黒」をした70歳位のモン族のおばあさんに並走された。「疲れている私を見守ってくれるのか？」と思ったが、並走500m後に「手作りの人形を買ってくれ！」と言われ、断ると去られた。

レースに参加するベトナム人ランナーを見ると、明らかに「軽装備」で走っているランナーがいる。今回のレースの携帯必需品は、大会パンフレットにも記載されているし、レース前のブリーフィングでも説明されている。携帯必需品は、山中でトラブルがあった際に自分の命を守るための物だ。リストアップすると「1Lの水、ヘッドランプ、防水着、帽子、笛、携帯電話」であり、多くのランナーはバッグに詰めて背負って走る。しかしながら、たまに、小さいペットボトル1本だけ持って走っているような輩《やから》がいる！　山をなめているのか？　どうなっても知らんぞ？　と、心中に思いながら走るのだが、案の定、助けを求めてくる。山中で水が無くなったランナーがいた。女性ランナーから水を求められた際には、黙って、私の大切な水を分けてあげた。男性ランナーから水を求められた際には、「苦しんでるのは君だけではない。共に、ゴールを目指して、頑張ろう！」と、励ましの声のみをかけてあげた。

レースのゴールまでの間、チェックポイントが4カ所あった。チェックポイントでは、水はもちろんの事、エナジードリンク、スイカ、バナナ、メロン等も置いており、一休みのタイミングとなる。私は、チェックポイントに着くたびに、スマートフォンを使って、SNSで自分の走っている地点をアップロードした。アップロードすれば、同じレースに出ているランナーより反応もあり、周りのランナーの状況が分かる。と、どうやら、私より2時間前に出発した70㎞を走る松尾さんが、私の後ろに迫っているとの情報を得られた。こうなると、目に見えない松尾さんとの情報戦である。

チェックポイントに着く度に、私の情報をアップロードしながらも、松尾さんの情報を探る。松尾さんも私の情報を入手して、私に追い付くべく、ペースを上げたようだ。更には、後続のランナーから「松尾さんが10㎞ほど後ろにいたよ！」等の話をもらうと、私

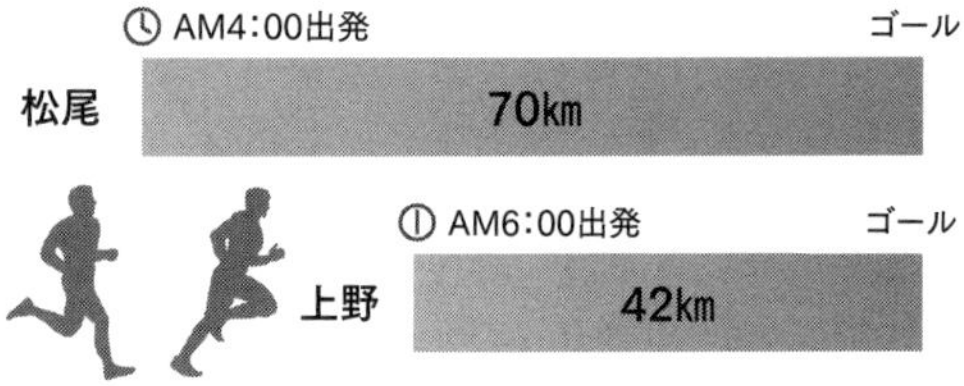

もペースを上げる！なんとも、ITを駆使した最先端の戦いをしているのか、単にアホなのかは分からないが、面白い戦いとなった！

レースの最終段階38㎞地点、夕方5時を過ぎれば陽も落ちて暗くなる。暗い夜道に女性ランナーが立ち竦《すく》んでいた。携帯必需品である「ヘッドランプ」を持たず、暗くて走れなくなっているようだ。私は後ろから、彼女の足元を私のヘッドランプで照らしてあげた。恥ずかしながらも、私の好意を受け取る彼女。辺りは暗く、ランナーも疎《まば》らで、頼りになるのは私のヘッドランプのみ。どちらからともなく話し出す。彼女はハノイの日系損保会社に勤務する20代のベトナム人女性。お互いに、長時間のレースで疲れ切った身体、走れずにトボトボと歩きながら、身の上話をする。ランニングハイで高揚感が増した頭で、男と女がランプ一つの明かりで歩く、最高にロマンチックな瞬間であったかと、今更ながら思う。彼女とは、お互いについて話し合いながら、ゴールまで向かう事となる。松尾さんとの戦いを忘れて。

さて、いよいよゴール！　記録は12時間5分。時刻は夜の18時をまわり、辺りは真っ暗。70㎞を走っている松尾さんにも追いつかれずにゴールできたみたいだ。42㎞の私はハンデイキャップ戦みたいだが、勝てて嬉しい！　と、一緒にゴールした彼女がどこかへ行ってしまった！　連絡先も聞けずに残念。レース中、いろいろとあったが、もう、全ては過去の話。ゴール出来てほっとして、ヘラヘラしているだけの状況。レース後の打上は、ホーチミン走る会メンバー達と一緒にゴール地点でビールを3本。もう、これ以上のものは、何もいらない！

レース翌日は日曜日。ホーチミンに帰るまでに時間に余裕があったので、松尾さんと2人で、レース場近くにあるベトナム最高峰ファンシーパン山に登る事とした。ファンシーパン山は標高３千１４３ｍ、富士山と肩を並べる高さだ。レースで登った山が標高２千２９５ｍなので、ファンシーパン山は８４８ｍも更に高い。レースでボロボロとなった足でどうなるのかと思ったが、なんと、山の頂上までケ

レース後の打上

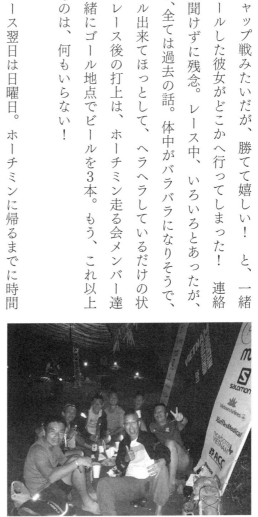

ーブルカーが伸びていた！　何と、あっけない！　ベトナム最高峰が「あっ」と言う間である。ちなみに富士山は、ケーブルカーを敷くことくらい技術的に問題は無いようだが、環境を配慮して許可されて無いようである。日本人のメンタリティからして、やはり、富士山にケーブルカーとなると、何か嫌な気がする。「簡単に登れるファンシーパン山の情緒の無さは何なんだ？」「昨日、俺たちが走って登った山のほうが絶対にいい！」「むやみに、山にケーブルカーを敷いたりするから、ベトナム人が山登りをしないんだ」等々、松尾さんと一緒に不満や意見をタラタラと。2人とも、サパの山を制した？　優越感から、何でも意見を言ってしまう！　まあ、人間、自分の意見を持つことは大切だ。今回のサパ・マウンテンマラソン大会で、自分自身が一皮むけて、成長したのだろう！　という事にしておこう。

ファンシーパン山頂

20. ハザン・マラソン／ラブ・マーケット調査探検

前項でサパ・マウンテンマラソンのトレランを紹介した。前述したトレランのように「山中でアブに追いかけられたり、泥道に足を滑らせたり、田んぼに足を突っ込んだりはしたくない！」しかし、「登山はしたいし、少数民族にも出会いたい」という我儘《わがまま》な貴方《あなた》にお薦めなのが、Ha Giang（ハザン）マラソンだ。2018年が第一回大会にて、毎年開催されている。私は2020年第三回大会に参加した。開催地はハザン省の奥地のMeo Vac（メオバック）。メオバックはサパと同じくベトナム北部、ハノイから300㎞離れた中国との国境沿いの町だ。ハザン・マラソンは地道ではなく、アスファルトで舗装された道を走る。舗装されているので、バイク野郎・自転車野郎にも人気のルートだ。

ハザン省メオバックへ行くには、サパと同様にハノイからバスで行くこととなる。ただ、サパに行くのと決定的に違うのは「高速バスでなく、ローカルバスに乗る」事だ。高速バスは50人乗り、寝台で横になることが出来、快適そのもの。しかし、ローカルバスは、時として地獄の様相を見せる。私が乗車したローカルバスは20人乗り。当時は大会に参加するためのランナーがいる為か乗客が多く、30人近くが詰め込まれる。東京の満員地下鉄で鍛《きた》えられた私だが、レベルが違う！　一列補助席を合わせて4人掛けのシートに6～7人がギュッと詰め込まれ、身体はS字になったまま6時間。ベトナム人は車に慣れていない人が多く、嘔吐《おうと》する人もいて、ひどい臭い。ローカルバスは、バス停で無くても途中で人を乗降させるので、時間もかかる。途中、少数民族のおばさんが乗って来たのだが、大変に失礼ながらお風呂には何年前に入ったの？　何を食べているの？　というくらいの、人間離れした匂いを発している！　満杯のバスが、横が崖となっている山道をフーラフーラと走り、スリルも満点！　何とか、メオバックに到着した時には、マラソン前だが十分に疲れている状況。ちなみにメオバック迄のローカルバスのお値段は10万ドン（500円）ポッキリ……。命の対価としては安すぎる。

メオバックは小さな町だ。バス停も、ホテルも、ゼッ

マピレン山・大渓谷

ケンの受取場所も、ゴール地点も半径500m以内に入る。ホテルも充実、レストランやスーパーもあり、不自由はしない。メオバックからスタート地点のマピレン山にかけては、雄大な渓谷を見下ろせる観光スポットだ。景色を満喫できるカフェや、少数民族博物館もあり、観光で来るだけでも十分に価値がある。

マピレン山のカフェには「世界一癒《いや》されるトイレ」という売り込みの、絶景を楽しめるトイレが設置されている。実際には、外で待っている人もおり、落ち着かないトイレではあったが後学の為に写真を掲載しておく。

世界一癒されるトイレ

ハザンマラソンのコースは、なかなか面白い。マピレン山頂がスタート地点。渓谷の山道を12㎞走り、宿泊ホテルのあるメオバックを経由、少数民族の多く住むカウヴァイ村まで小さい山を2つ、3つ越えながら15㎞を走る。カウヴァイのラブ・マーケット（後述する）前を折り返し地点として、メオバックまで15㎞走りゴールとなる。山間部ながら、道路は全て舗装されている。

レース当日早朝に宿泊ホテルのあるメオバックから、ランナー専用チャーターバスに乗り込む。向かうはマピレン山頂。50人乗り大型バスが5、6台、３００人位が参加するようだ。参加するランナーを見ると、走るというよりは観光に行くような雰囲気。皆がニコニコで、風景写真の撮影に忙しい様子。レース開始は5時30分。３００人程度の少数ながら、２回に分けてのウェーブスタートとなる。これは、山頂から駆け降りるマラソンなので、将棋倒しにならない為の配慮と思われた。スタートして走り始めると、実に気持ち良い！　麓《ふもと》のメオバックまではずっと下り坂だ。急な下り坂で有名な「箱根駅伝の６区」は標高最高点から小田原中継所まで標高差８３９ｍを１６・３㎞かけて走るのだが、こちら

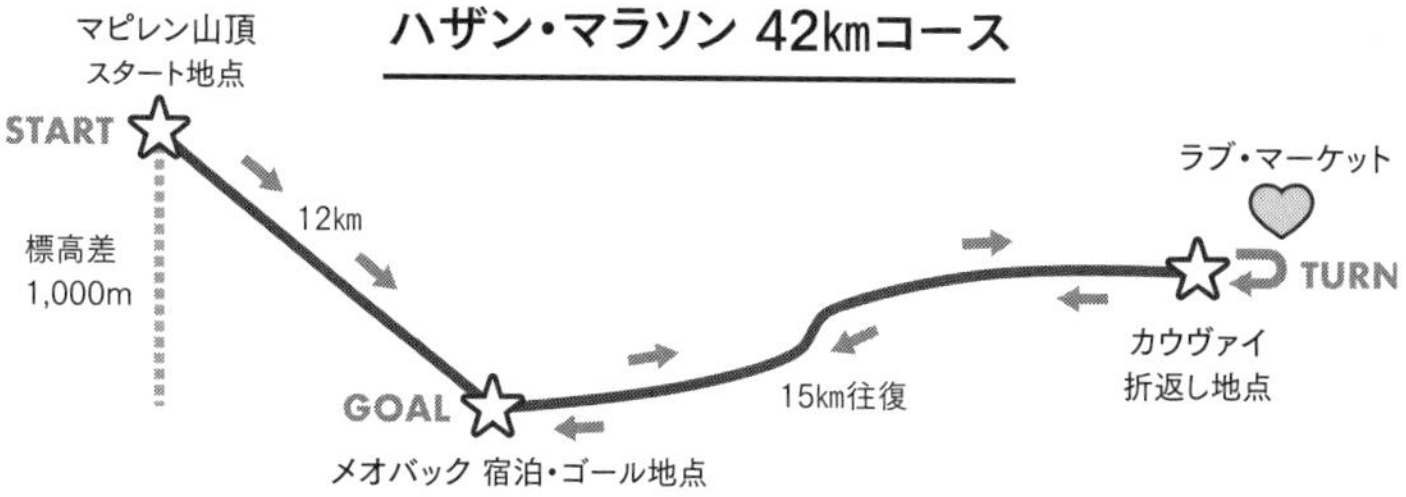

はマピレン山頂からメオバックまで標高差約1千mを12㎞で走ってしまう！　箱根駅伝の6区より傾斜が凄い！　景色も雄大な渓谷だ。雲がかかる山中に朝日が差し込み、更に神々《こうごう》しい！　下り坂なので走っても疲れず、最高の12㎞区間だ。

麓《ふもと》のメオバックからカウヴァイ村までは、第二ステージとなる。今度は一転して登り坂！　それまで下り坂に慣れてしまっていた足には辛《つら》い。辛《つら》いのであるが、大いに気を紛らわしてくれる人有り！　少数民族だ！　毎週日曜日の朝はメオバックにて市場が開かれるので、少数民族が山から降りてくるのだ。市場で売るために、自分たちの畑でとれた農作物や、ブタ、ニワトリ等を担いで降りてくる。我々ランナーは半分観光目的で来ているので、山を走りながらもジーッと見たり、写真を撮ったり忙しい。尚、少数民族からは「あなた達、何でこんなところで走っているの？」といった目で見られるのだが。

マラソンコースを、メオバックの市場に向かう少数民族

レースの折り返し地点となるカウヴァイ村は、「ラブマーケット」が存在する事で有名だ。これは、今から約１５０年前、異民族同士で結ばれることが叶《かな》わなかった2人が、離別後にせめて年に1回、3月27日にカウヴァイ村で密会をしていたという物語が発端だ。七夕《たなばた》のストーリーに似ている。この日だけは、元恋人と再会するのが許される風習が村に出来、更には拡大されて、結婚相手や恋人を探す場となり、現在に到っている。この日には、少数民族の男女が着飾って集まる一大イベントとなっている。今でいう合コン？　婚活パーティー？　そんなキレイごとでなく、男女が意気投合すれば、ラブマーケット近辺の草むらで速攻で×××等のうわさも聞くぞ！　レースが行われたのは10月11日。ラブマーケット開催日3月27日から日数は経っているが、ひょっとしたら、ラブマーケットで売れ残った少数民族の女性が待ってくれているのでは⁉　と、妄想しながら走ったのだが、誰も待ってくれてはいなかった。それどころか、ラブマーケットの場所すら分からずカウヴァイ村を折り返し、悶々《もんもん》とした気分でハザン・マラソンはゴールとなった。

さて、ゴール後に分かったのだが、「ラブマーケットは、折り返し地点から数km先にあるらしい」との事。これはいかん！　ひょっとすると、本当に待ってくれている少数民族の女性がいたかもしれないではないか！　彼女の為にも、このまま家に帰る訳にはいかない！　急遽《きゅうきょ》、ラブマーケット調査の探検隊を組織する事となった。探検隊は、今回一緒に走ったホーチミン走る会のメンバー川上君と私の二人だ。川上君は30代前半の好青年、今回のレースでは総合4位という輝かしい記録を持つ。ベトナム沖海上油田基地に1カ月休みなしで勤務し、陸に上がったところ。海上油田基地での勤務は24時間体制で「酒・女・博打」が一切禁止という厳しい条件。長い航海の船乗りが港に上がったばかりのようで、溜《た》まっている（何が？）に違いない！　私のパートナーにはぴったりだ！　マラソン後で十分に疲れているので、バイクを借りて探検する事となった。探検と言っても、先ほどマラソンで走った山道を15㎞と少し走る程度。マラソンで辛かった急斜面の山道も、バイクで楽々と進む。そして、マラソンの折り返し地点の数km先に、ラブマーケットは、確かにあった！

ロサンゼルスの有名な「HOLLYWOOD」のハリウッド・サインよろしく、山の麓《ふもと》に「Cho Tinh Khau Vai（カウヴァイ・ラブマーケット）」と掲げている！　しかし、残念ながら、

Cho Tinh Khau Vai（カウヴァイ・ラブマーケット）

少数民族の女性は誰も待ってくれてはいなかった（当たり前か……）。近辺の人にも聞いて回った。ひょっとしたら、臨時のラブマーケットが今晩あたり開かれるのではないか!?　と期待して。しかし、聞けた話としては「今、ラブマーケットはやっていないけれど、日用雑貨品のマーケットは明後日に開かれるよ」とか、がっかりな話のみ。どうやら、私のような不届き？　な外国人が大勢カウヴァイ村に来るようになって、ラブマーケットの伝統も無くなりつつあるようだ。

気を取り直して川上君とカウヴァイ村を探索した。何の変哲もない、田舎の村だ。高床式の少数民族の家が点在し、犬やニワトリが走り回り、老人が竹筒タバコを吹かし、ノンビリとしたものだ。ただ一点、非常に面白い点に気付いた。村に子供が多すぎる！　学校でもないのに子供ばかり。村の広場などは大人1

人に対して子供が10人くらいいる。老人だらけとなっている日本とは、えらい違いだ。少数民族の出生率は高いと聞くが、正に実感した。さて、このように出生率が高くて子供が多い理由としては……やはり、これは「ラブマーケットのお陰なのだろう！」と、勝手に解釈。ラブマーケットが日本にもあれば、人口減を防げるのではないか？と、政治施策も検討された！　こうして、川上君とのラブマーケット調査は成功裡《せいこうり》に終わり、有意義であった探検隊を解散したのであった。あれ、俺、ハザンには何しに来たんだっけ⁉

21. ビテクスコタワー／スカイラン

「スカイラン」というマラソン競技がある。日本語で「階段垂直マラソン」と翻訳されている。ビルの非常階段を一途に駆け上がる、日本では２０１６年に初上陸したくらいの、新しいマラソン競技だ。なお、日本への上陸先は大阪が誇る「あべのハルカス」。

ビルの最上階まで走るというと、全然想像がつかない。山登り用のトレッキングシューズで登山よろしく走るのか？　杖・ポールをつきながら、えっちら、おっちらと登っていくのか？　最上階に到着するのに何時間かかるのか？　私の危惧《きぐ》とは逆に、スカイランは、非常な短距離走であった。あべのハルカスの60階でも、速い人は８分台で走りきってしまうらしい。上級者は４段、５段抜かしで、スパイダーマンのように駆け上がってしまう。持久力よりも瞬発力が求められる。脂肪をそぎ落とした長距離ランナーより、高層ビルのバイオレンスが得意な「ダイハード」のブルース・ウイルスのような人が強いのでは⁉と、思われる。

ベトナムでの初スカイランは２０１７年10月29日、ホーチミン市の象徴である「ビテクスコタワー」で行われた。ビテクスコタワーは地上68階建て、高さ265・5m。ベトナムでは4番目に高い高層ビルだ。このビル、韓国系ゼネコン企業が地盤の弱い場所に建てたようで、日系のゼネコン企業の方の話では「いつ倒壊しても不思議ではない」との事。その為か賃料も他のビルに比べると安い。我々がビルをドタバタと走る事により、倒壊するとまでは考えられないが、一抹《いちまつ》の不安有り。このビルに備えられた49階（1千2段）の展望台がゴール。

　参加費用は70万ドン（3千500円）。この展望台、普段は観光客用に開放されており、当然にエレベーターで昇るのだが20万ドン（1千円）の入場料が必要。エレベーターで展望台に昇るより、走って上がる方が高額と言うのが引っ掛かるが、大会なので仕方ない⁉スカイランが他のマラソン大会と大きく違うのは、一度に6人ずつしかスタート出来ない事。普通のマラソン大会のように一度に大勢を走らせると、狭い非常階段での圧死事故が

ビテクスコタワー

考えられるので当然だ。

スカイランに向けての私の練習は、居住している16階建てマンション非常階段の昇降だ。16階まで駆け上り、1階まで降りて、再度16階まで駆け上るのみ。特別な練習ではない。ただ、マンションに住んでいるベトナム人から奇異な目で見られていたのを覚えている。前から聞いていたのだが、ベトナムでは「健康の為にエレベーターを使わずに階段を利用しよう！」という、健康志向な人はいないからだ。これは、約1カ月間、私がマンションの階段を上がったり下がったりして練習する間、1度としてベトナム人とすれ違わなかった事で証明された。

記念すべきベトナムの初スカイラン大会当日。競馬のようにゲートに並んだ6人。なんと、ホーチミン走る会の40代中年男性4人（庄司さん、佐原さん、栗原

競馬のようにゲートに並んだ6人

さん、上野）が同じグループにて、中年の意地をかけた死闘を演じることとなった！　勢い良く走り出す6人。初めの3階まで位は2段飛ばしで駆け上がるが、やがて1段飛ばし……やがて1段ずつ……そして、膝に手をつきながら、手すりにつかまりながらと、どんどんと悲惨な走り方になっていく。40代中年4人同士で「コラ、待てー」とか小学生のように叫びながら、心臓が飛び出しそうな状態で全員がゴール！　充実した10分のレースとなった。

あの高いビテクスコタワー、登るのに2時間くらいかかるのかな⁉　とか思っていたが、たったの10分程度！　一緒に走ったホーチミン走る会の庄司さんが年代別で2位入賞！　獲得商品は英会話学校チケット500万ドン（2万5千円）、エステ・マッサージ券100万ドン（5千円）、Giantブランドの帽子60万ドン（3千円）と、相当なもの。

ちなみに、ゴール後の帰りは……登山と違って、エレベーターでサッサと帰ることになったとさ。

22. 女性がベトナムで走る困難さ

ベトナム人女性は強い。結婚してからも専業主婦にはならず、共働きが基本。工場でも、建設現場でも、青果市場でも、よく働くのは女性だ。夫より稼ぐ妻も当然に多い。女性が働き、金銭的にも不自由しないので離婚率も圧倒的に高い。男と女が口喧嘩をしても、たいていてい勝つのは女性だ。夫が浮気をした場合に、夫の〇〇をハサミで切断して、ニワトリに食わせてしまうのも女性だ（年に数件程だが）。

さて、このように強いベトナム人女性ではあるが、男性に比べてランニング・マラソンを行う女性は少ない。あらゆる職種・スポーツに、女性が男性に対等に進出しているベトナムではあるが、ランニング・マラソンに関しては女性の参加率は2割を切る程度では無いか？　走る女性が少ない、困難な理由は二つある。

まず一つは「トイレ」の問題。ベトナムでは、外に出ればトイレは非常に少ない。ホーチミン市の街のど真ん中に「PUBLIC TOILET（公衆トイレ）」と宣伝するように公衆トイレが設置もされているが、全然一般的ではない。日本のようにコンビニはあるが、コンビニに客用のトイレは無い。ビル建物のトイレを借りようと飛び込んでも、ビル建物のトイレは外から鍵が掛けられている事が多い。ホーチミン走る会の練習コース内の公園にトイレはあるが、立派な有料トイレだ（2千ドン〔10円〕／回）。レストランでトイレは貸してくれるが、従業員からいい顔はされない（チップを払えばニッコリと貸してくれる）。ベトナム人は、街中のどこで用を足すのだろう⁉ 以前、私は湖のほとりに住んでいたのだが、朝夕になると、恥じらいの無くなった？ 行商のおばさん達が湖畔《こはん》に用を足しに来てたのを思い出す。ランニングを行う女性に「湖畔をどうぞ！」とは言えない。トイレが圧倒的に少ないという問題は、男性の私が考えるよりもずっと深刻と思う。ベトナムは残念ながら、女性に配慮されたランニング環境とは言えない。

また更に、トイレの運用にも問題あり。写真はベトナムのレストランで撮影したもの。「大便器と男性用小便器が並んでいる」。日本では仕切りも無く大便器と小便器が並ぶ事は有り得ない……。この並んだトイレの意味するところは何か？

①ベトナムでは男性用トイレと女性用トイレの区別が無く、男女が同時に用を足すように

なっている。

②ベトナムの、臭《くさ》い仲の男性2人が一緒に用を足すためのトイレである。

これら、変態っぽい想像をさせられてしまうトイレだが、いずれも違う。この配置は、「ずぼら」なベトナム人男性への対応だ。どうにも、ベトナムでは、男性が大便器に小便を行う際に、便座を上げない輩《やから》が多いようだ。便座が下がったまま小便をするので、当然、便座はびちゃびちゃ……。次に大便をしたい人が大迷惑をこうむる事になる。それならばと、小便用にわざわざ男性用小便器を、大便器の隣に取り付けているのだ。

大便器と男性用小便器が並ぶ

次の写真の大便器も問題あり。今度は、「便座が外されている大便器」。

便座が外されてしまう理由は「男性の小便でびちゃびちゃになってしまう便座なら、初めから外してしまえ!」という発想だ。便座を外すのも、けっこう一苦労だと思うが

便座が隣に外されているトイレ

……。便座を外すのが、家主なのか客なのかは不明。全てのトイレの便座が外されているわけではないが、レストランなどでちらほらと外されている。最近出来た日系のイオンのトイレでも便座は外されていた。

便座を外してしまったトイレで大便を行う際にはどのようにするのか？　ベトナムでは、和式スタイルで用を足すのが多い事もあり、また多数のベトナム人は小柄の為、外された外枠に足を器用にのせて難なく対応出来ているようだ。しかしまー、無作法な男性の為に、ベトナム人女性はトイレに虐《しいた》げられている印象だ。

ベトナムのウォシュレットも、女性にはどうかな!?　と、思われる。次の写真の、トイレの横に付けられた噴水機が「ベトナムのウォシュレット」だ。

非常に単純な噴水機だが、指の力加減で水の勢いを簡単に調整可能、水温は常温ながら南国ベトナムの生温かい水なので適温で超快感！　取り付け費用は、何とたったの10万ドン（約500円）。安いし、使いやすしでベトナムでは普及している（そして、日本のT社の最新技術のウォシュレットは、ベトナムのチープなウォシュレットに負け、苦戦しているらしい……）。このウォシュレット、水鉄砲のようで使い心地は良いのだが、欠点は「周りが水浸しになってしまう」という事。お尻の汚物を取ろうと慎重に水鉄砲を飛ばしても、うまくいかずに散水してしまう。時には、汚物もろとも便器外に飛び出す！　つまり、ベトナムのトイレはビチャビチャしている。座って用を足すことになる女性は、ここでもトイレに虐《しいた》げられる印象だ。

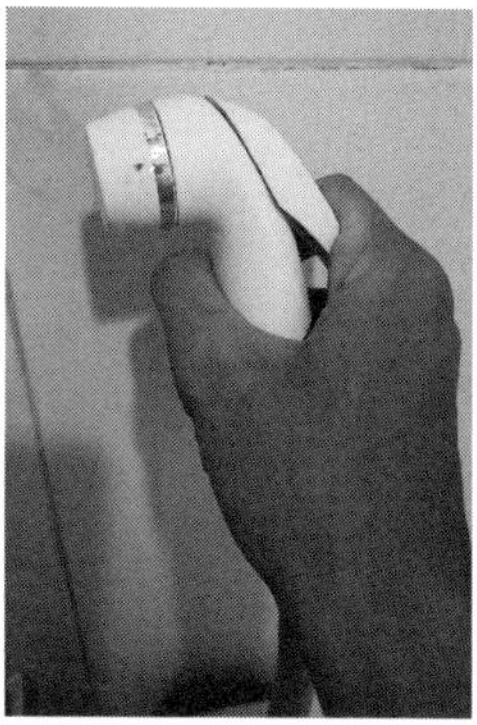

ベトナムのウォシュレット

如何《いかが》だろう？　デリケートな女性に聞くまでもない。ベトナムでは多くの女性は外に出るのに慎重になる事だろう。ましてや、ランニング・マラソンに出るとなると、更に慎重に準備するものと思われる。

ベトナムで走る事に対して女性が困難な二つ目の理由。それは、女性がランニング・マラソンを行うと「視姦《しかん》」される事だ。ちなみに、視姦《しかん》の意味をウィキペディアで見ると、『相手を見つめることで、相手を辱《はずかし》めて性的興奮を煽《あお》る行為のこと。隠れて覗《のぞ》き見する窃視とは異なり、相手が見られる自覚があることを前提としての行為である。「視姦《しかん》」する人間自体は相手に直接手は出さない』とある。視姦《しかん》とはちょっと、オーバーな表現だったかもしれない。しかしながら、ベトナムでは女性が「ジローッ」と見られる事が多い。それ程に、ベトナムの男性は女性に飢えているのか⁉　女性が少ないのか⁉　はい、その通り。はっきり言って、ベトナムでは男性が余っている。多くのベトナム男性は伴侶《はんりょ》となってくれる女性を一生懸命に見つけるか、見つけることすら放棄している状態なのだ。この理由もはっきりしている。理由を述べると、まずは「儒教に基づく男子を重視する風潮と、胎児《たいじ》の性別選別」だ。分かりやすく言えば、家系に男子が欲しいが為に、産み分けの技術を使ったり、お腹の中にいる胎児《たいじ》が女だと分かると堕胎《だたい》してしまうのだ。この為に現在、女児100人に対して男児が115人も出産されるという歪《いびつ》な男女構成になってしまっ

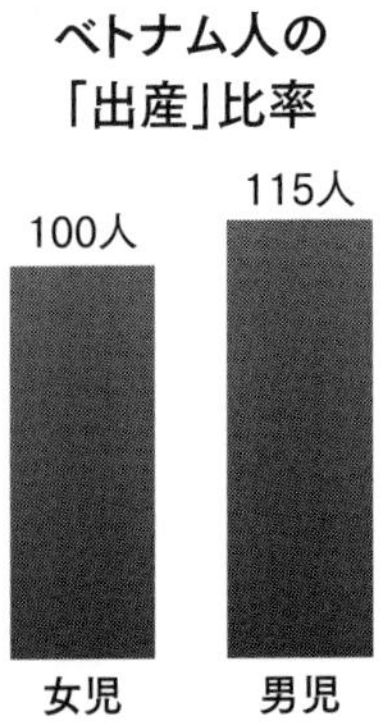

ている（ベトナム人口家族計画総局２０１８年度報告より）。

更に輪をかけて、ベトナム人女性の嗜好《しこう》なのだが、余裕のある金持ち男性と結婚をしたがるのだ（ベトナム人女性に限った事では無いが）。残念ながら、余裕のある金持ち男性は、ベトナム人には少ない。必然的に、ベトナム人女性は海外に流れて行ってしまう事となる。特に台湾・韓国には、同じような理由で余ってしまった男性が多くおり、ベトナム人女性を花嫁にするケースが多い。このようにして、ベトナム国内の女性は極端に少ない状況となる。そして更に更に輪をかけてしまうと、ベトナム人女性の気品の高さも男性には禍《わざわい》だ。自分よりも能力的に劣るような男性を相手にしないのである。この為、多くの男性に言い寄られつつも独身を貫く女性が多い。このような状況であるので、結婚適齢期の男女比率を見ると、女性１００人に対して男性が１３０人位の状況だ。可哀《かわい》そうに、ベトナム人男性１３０人のうち、30人が結婚できないのだ。

長々と書いたが、このあり余った男性の視線が、女性ランナーに注がれる。最近は都心部では少なくなってきたが、

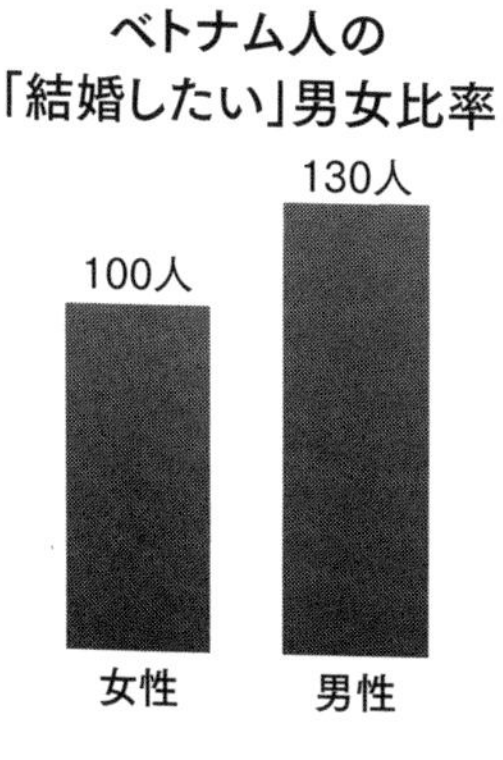

ベトナム人男性の女性を見る時の視線は遠慮がない。ニヤニヤしながら、ずっと見るのである。時には卑猥《ひわい》な言葉を投げかける。女性ランナーが、薄着にピンク色の艶《あで》やかなランニングウェアを着て走ったりすれば、もう必殺だ。見られる女性はどうだろう？　男性から全く無関心も寂しいだろうが、ずっと「ジローッ」と見られるのは心地の良いものとは思えない。ランニングは、人通りの少ない場所も走るだろうし、危険を感じる事も多いと思われる。

ご理解頂けたか？　ベトナムでは「トイレ」と「男性からの熱い視線」の2つの事由により、女性がランニング・マラソンを行う事が困難となっている。この困難な状況に、ランニング女子に残された道はあるのだろうか？　答えは、次項をお読み頂きたい。

23. 賞金獲得女王への道！ランニング女子よ、来たれ、ベトナムへ！

女性のフルマラソンタイム3時間24分。速いといえば速いタイムだ。とはいえ、この程度で走る女性ならば、いくらでもいる。女性の日本最速記録は野口みずき、高橋尚子が2時間19分台なので、その記録からは1時間以上も遅いタイムだ。3時間24分など、日本で、ましてや世界では、「箸《はし》にも棒にも掛からないタイム」と言える。

しかしながら、ベトナムとなると、事情が違う！　この3時間24分というのは、ホーチミン走る会の女性ランナー「根本さん」の最速タイムだ。根本さんは、30代前半。在ベトナム4年、平日は日系企業に勤める、笑顔が素敵な普通の女性だ。そう、平素は普通なのだが、マラソンになると違う！　実は彼女、ベトナムで有名な「マラソン・賞金獲得女王」なのだ。ここに、彼女の近々2022年度の輝かしい大会記録を載せる。

■ホーチミン走る会、根本さんの大会記録（2022年度）

No.	大会名	開催月	距離／km	順位	賞金
1	ビンズオン・シティハーフ	2月	21	総合3位 年代別2位	300万ドン
2	ダラット・ウルトラトレイル	3月	45	総合1位	700万ドン
3	HCMCマラソン	4月	42	総合3位	400万ドン
4	フエ・マラソン	4月	42	年代別4位	500万ドン
5	ベトナム・トレイル	5月	70	総合3位	現物プレゼント
6	クイニョン・マラソン	6月	42	年代別5位	790万ドン
7	ハロン湾・マラソン	7月	42	年代別3位	900万ドン
8	ニャチャン・マラソン	8月	42	年代別2位	1,198万ドン
9	VPバンク・ハノイ・マラソン	10月	42	総合3位 年代別2位	1,300万ドン
10	ラムドン・トレイル	11月	45	総合1位	900万ドン
11	ハノイ・ミッドナイト・マラソン	11月	42	年代別2位	1,200万ドン
12	Techcomバンク・ホーチミン	12月	42	年代別1位	現物プレゼント
13	ブンタウシティ・マラソン	12月	30	総合1位	900万ドン
			合計		9,088万ドン

23. 賞金獲得女王への道！
ランニング女子よ、来たれ、ベトナムへ！

前出はいずれも、ベトナムでは有名な大会だ。1年間のうちに13大会に出場！更には、毎回入賞し、賞金を獲得しているのだ。1年の獲得賞金の合計は9千88万ドン（45万4千400円）にもなる。この金額、ベトナムでは一般会社勤務事務員の年収に匹敵する。賞金も凄いが、他に副賞も盛りだくさん（例：SUUNTO時計、ガーミングッズ、SALOMONトレランシューズ、トレーニングウェア、バウチャー各種、補給食セット、大会出場権、5つ星ホテル宿泊券、大会出場航空券、等々）。前記のナンバー5、12の大会は、賞金は出なかったものの、現物プレゼントが山盛りだったという。

VNエクスプレスでクローズアップされた根本さん

先程も書いたが、根本さんは普通の女性だ。男性目線で見れば、是非ともお嫁さんに来てもらいたいタイプ。高校時代までの運動は競泳のみ。社会人になってからはヨガ・スポーツジムに通う程度。20代後半に出場した「名古屋ウイメンズマラソン」が初出場のマラソン大会でタイムは4時間8分。これまでの最速が3時間24分。ホーチミン走る会では、フルマラソン5時間以上かかる私と一緒にニコニコと練習し、麺屋で食事を行い、宴会ではビールも嗜《たしな》む。この程度の……と言っては彼女に大変失礼だが、普通の女性が、ベトナムでは一目を置かれる賞金獲得女王・スーパーランナーなのだ。ベトナムの大手マラソン主催組織「VNエクスプレス　マラソン」でも、彼女を大きく写真でクローズアップし、活躍ぶりを報じている。前項でも書いたが、ベトナムは女性が走る事が困難な国ゆえ、走る女性が少ない。ゆえにも、上位入賞のチャンスが転がっていると言える。

ここで、私は日本のランニング女子に提言《ていげん》する！　ベトナムに来なさい！　貴女達《あなたたち》が活躍できるフィールドが広がっている！　貴女《あなた》も、マラソン大会の表彰台に立ってみたいだろう、賞金も稼いでみたいだろう！

トレランゴールの根本さん

23. 賞金獲得女王への道!
ランニング女子よ、来たれ、ベトナムへ!

ここは、まだまだマラソン発展途上の国なのだ。ホーチミン走る会メンバーが「仮装ラン」により、ベトナムで一目を置かれるようになったのだ。次は、日本の大和撫子《やまとなでしこ》ランナーがベトナムのマラソン大会を席巻《せっけん》する時だ! ホーチミン走る会は、貴女《あなた》のランをサポートする! 来たれ、ベトナムへ!

24. アイアンマンレース／水泳・自転車・マラソン

ランナーにとって、まず大きな目標となるのがフルマラソン（42・195㎞）だろう。フルマラソンを走りきった「充実感」は何物にも代え難《がた》い！

では、フルマラソンを走りきったランナーは、次に何を目指すのか？　お手頃なところで、ベトナムにはトライアスロン・アイアンマンレースが実施されている。ベトナム中部の都市ダナンにて2015年から毎年5月にアイアンマン・ハーフ・70・3マイル（水泳1・9㎞、自転車90㎞、マラソン21㎞）が開催されている。主催はワールド・トライアスロン・コーポレーション（WTC）という、世界中でアイアンマン大会を実施している有名な組織だ。世界中から強者アスリートが1千人近く集まる立派な大会。ダナンでの開催は、ベトナムゆえか他国よりはリーズナブルな価格（それでも、3万円はするが……）。で、WEBでポッチリ押すだけで参加可能。フルマラソンを走りきる体力があれば、当大会の制覇も可能と言われる。

私は2016年に行われた第二回大会に参加した。以下は参戦記である。当時、フルマラソンタイム5時間、50m以上泳いだことが無い、ガキの時に自転車に乗って以来、自転車に乗った記憶が無いという私の参戦記だ。

まずは、ド素人の私の、ベトナムでの水泳・自転車・マラソンの準備・練習から書きたい。

＊水泳（1・9km）

足の着かない海を1・9km泳ぐ……。途中で溺《おぼ》れたらどうするのか？ マラソンと違い、途中リタイアは「死」につながるのでは？ 考えただけでも恐ろしい……。中年のデブで50mしか泳げなかった私が練習に励《はげ》んだのは「死なない為に、ゴールまで泳がねばならぬ！」という恐怖感に突き動かされたのが一番の要因だ。幸い、住んでいるのは常夏のホーチミン。何時でも練習できるプールが1回3万ドン（150円）程度で利用可能。また、大抵のプールには水泳のインストラクターがおり、1回10万ドン（500円）程度でプライベートレッスンもしてもらえる。インストラクターはスマホのビデオ機能で撮影までしてくれてサービスも良し！ 練習して気付く。泳げなくても簡単には死なない。海では浮力が大きく、ウエットスーツも着るので、泳げなくなれば仰向けになって「助けてー」とサポーターに頼めば簡単にリタイア出来るようだ。この安心感は、ド素人の私には大きい！　目標を持って毎日練習していれば、泳げる距離も伸びるもの。特に、泳ぎ始めのうちは、「折れ線グラフが高角度」の勢いで水泳距離は伸びて行く（まー、何事も、習い始めに急成長して、そのうち壁にぶち当たるものだが）。こうして、4カ月の練習で、2㎞を1時間で泳げるようになった。大会の本番では1・9㎞を1時間10分で泳がねばならない。水泳はまあ、何とかなるのかなー!?　と言ったところ。

＊自転車（90㎞）

もっとも苦労するのが自転車かと思う。

苦労する理由の第一が、「出費が大きい！」事だ。ママチャリで走るわけにはいかず、それ相当の自転車を買わねばならない。ピンキリだが、安いのは3万円、高いのは200万円程度（汗）。何と、嫌な事に？　ベトナムに200万円程度の自転車が売られているのが驚き。で、どれがいいの？　と聞いても「重さ」「ギアチェンジ」「ブランド」「年式」などの要素が絡み合い、未《いま》だによく分からず。ここは、エイヤ！　で買うしかない。ベトナムでは輸入自転車に関税がかかる為に、日本で買うよりも高額。更に自転車本体以外にも、ヘルメット、自転車用ペットボトル、空気入れ、パンク修理キット、ＤＨバー（なんやそれ？）、ビンディングシューズ（聞いたこと無いぞ！）等、様々な自転車グッズも購入しなければならない。ベトナムで入手できないグッズも多々有り。参加費は3万円なのに、自転車関連で数10万円を使ってしまったと思う。アイアンマンレースへの参加費3万円をドブに捨てたくないので、ずるずると自転車にお金を投じる……。このシステムは、悪徳商法に引っかかってしまったような気分にさせる。

尚、ホーチミンには中古自転車市場もある。7区（白金台、芦屋）にある自転車屋の店員に頼めば、少しのアルバイト代を店員に払うことで、それなりの自転車を見つけてきてくれるようだ。

苦労する理由の第二が「怖い！」。ビンディングシューズという自転車専用のシューズをご存知だろうか？　これは自転車のペダルに足を縛り付ける器具付きの、ペダルを効率良く回転させる為に発明されたシューズだ。ペダルに足を縛り付ければ、ペダルを踏みつけるだけでなく足を上げる力も自転車を動かす動力になるので、速く走れるようになるという原理。レースに出場する人は、ほぼ皆さん、このシューズを利用する。確かに、速く走れるようになるのだが、自転車から降りる際にペダルから足を離すのにコツがいる。うまく離せないと、そのまま横に倒れてしまう。なんと、恐ろしい!! ベトナムの路上で横に倒れてしまえば、後ろから無秩序に走ってくるバイク、トラックの餌食《えじき》になってしまうのは火を見るより明らか！ 何より、横にそのまま倒れれば、腕や歯を折る等のダメージも大いに有り。

また、ＤＨバーも怖い。ＤＨバーとは走行時に風の抵抗を少なくする為に、頭を「前のめり」の前傾姿勢に保つためのハンドルだ。小学生の時、カッコつけて「ウルトラマン乗り！ シュワッチ！」と言いながらサドルの上で「飛ぶ」姿勢をやった人もいると思うが（私だけか？）、正にあの感じ。時速30㎞以上のスピードで頭から突っ込んで走っていくのは、恐怖か？ 快感か？

DHバーを付けた愛車

自転車への恐怖を和らげるため、自転車を愛する方たちの会である「サイゴン自転車倶楽部」の飲み会に参加。しかし、当倶楽部の飲み会に参加すると、常に1人か2人は身体に包帯を巻いた方がおられるので、更に恐怖を感じる……。

苦労する第三の理由が「自転車メンテナンスの知識・技術が必要」。特に、パンク時のタイヤ・チューブの交換。「パンクをすれば、自転車屋さんが直してくれる」と、40年間以上思い込んでいたのだが、なんと!! レース時の自転車故障は自分で直さねばならないのである（プロでも無いのだから、当然なのだが）。悪路の多いベトナムの事、パンクは頻繁《ひんぱん》におこる。マンガみたいに、大きなクギがタイヤにぐっさりと刺さった事もある。ちなみに、なんと！ 一昔前は、自転車修理屋さんがお金を儲《もう》ける為に、修理屋の前にクギ、画びょう等をばら撒《ま》いていたらしい。流石に、公安が悪徳修理屋を取り締まり、修理屋は罰金刑を科せられたようだが……。

レース本番、路上でパンク修理が出来るようにしなければならない。インターネットでパンク修理の要領をダウンロード。前述の「サイゴン自転車倶楽部」の池田会長から直々にパンク修理の指導を受ける。暑い暑いベトナムで、パンク修理の練習を繰り返す。実際に自転車で走るのと同じくらいの時間をパンク修理の練習に費やしたので、最終的には自分でパンク修理屋さんを開店出来る位に上達した！　うーむ、まさか、40代後半にして、手に職を持つようになるとは思わなかった。

＊マラソン（21㎞）

レースの最終種目。普段から「走り」だけは練習しているので大丈夫……と言う訳にはいかない。水泳の1・9㎞で全体の筋肉を使い、自転車で70㎞を走行した後の、消耗しきった体にムチ打ってのランニングなのだ。更に、自転車でペダルを廻す回転運動ばかりを行った足は、簡単に言うことを聞かない。ぎこちなく、阿波踊りを踊っているような感覚で、倒れないようにフラフラと歩くのがやっとという状態。明らかに、バランスを取る為の筋肉が足りない状況。「これではいけない」とスポーツジムへ赴き、ダンベルを担《かつ》いで体全体の筋肉を強化。40代後半にして、筋肉ムキムキになるとは思わなかった。

レース大会の為、ベトナム中部のダナンに乗り込んだ。宿泊ホテルは、大会主催者から推奨された五つ星・1泊数万円の「グランドメルキュールホテル」。ダナンでは、いつもは、大阪出身の女将エリさんが経営する「エエナ ホテル」という、低額で温かいサービスのホテルに泊まるのだが。大会側の説明によると、ホーチミンから空輸する自転車をホテル側でスムーズに受け取ったり、大会当日に運行されるシャトルバスへの乗車の為にも、五つ星・1泊数万円のホテルが良いと言う。ここでも、更にお金が飛んでいく。ホテルにチェックインすると、アイアンマンレースの常連と思われる欧米人客が多く、「やー、また会ったね！ 今回の大会も頑張ろう！」みたいな会話を弾ませている。大会の前夜祭は、五つ星の「ハイアットリージェンシーホテル」での立食パーティー。何だか、アウェイ感がずっしり・ぎっしり・・・・・・。私とは世界が違う、お金に余裕のある人達の大会なのだなー、という印象。

さて、いよいよ大会。競技は1・9㎞の水泳から行われる。レース直前に、大会自体が中止になるかも？ くらいのトラブルがあった。なんと、ダナン近くの工場から汚染水が排出されてしまったという。汚染水を出したのはフォルモサという台湾の会社が威信をかけて建設した製鉄所。汚染水の為に、おびただしい魚の死体が岸辺に打ち上げられており、写真も続々と見せられる。心配されたが、台湾の会社からベトナム政府と漁民に対して巨額の賠償金を支払う事で決着が着いた模様。大会に出る選手には何も支払われておりませんが、今のところ選手達の身体に影響はないようだ。選手は自己責任なのである。

温かいが、外洋に面している為に波が高いダナンの海。1千140人の参加選手たちが5人ずつのウェーブスタートで次々と海に飛び込んでいく。体格の良い身長185㎝くらいの欧米人等がたくさんおり、彼らと海でぶつかったら痛そうなので、彼らを避けようとガムシャラに泳ぐ。ガムシャラに泳ぐと……息が上がってしまい、スタートからわずか3分で、泳げなくなる！　真剣にパニック！　助けを呼ぼうと、声を出し、手を振るが、アシスタントに発見してもらえず。必死の思いで、アシスタントを探して、そこまでゆっくりと泳ぎだす。ゆっくり泳ぐと、息も正常、普通に泳げることを確認。大会では、「焦《あせ》りは禁物」という事が身に染みて分かった。さて、落ち着いて泳ぎだすと、周りは面白い状況。多くのベトナム人が平泳ぎ、犬かきで泳いでいる！　または、海を区枠する為の海上ロープにつかまりながら「忍者泳ぎ」している選手もいる。これは、多くのベトナムの学校にプール設備が無い為に、授業として「水泳」を習っていない為だと思われる。何だか、サメのように必死で泳ごうとしている私の横で、タイやヒラメやアナゴが泳いでいるような気がして、楽しくなってくる！ 楽しくなればこっちのもの！ 疲れも知らずに、制限時間70分の水泳を54分で泳ぎ切ることが出来た。速いとは言えないが、3か月前まで50mしか泳げなかった自分にしては上出来だ。調子に乗って、水泳の次に向かう。水泳の次に待ち構えているのが自転車90㎞、制限時間は5時間30分だ。いつもの練習では苦労していたが、本番となると快調！ 30㎞地点で時間は1時間10分。時速28㎞のスピードで飛ばす。補給するペットボトル水も停車することなく、「ドーン」と大きな音を立てながら、素手でバトンタッチして受け取れる。ダナンの海岸沿いの景色も見事に美しい！ これなら、行ける！

しかし、いつもそうだが、私は好調の時ほど、トラブルが付いて回る。45㎞地点にて「パーン」という大きな音と共に、タイヤがパンク……。ここで焦ってはいけない。これまで練習したとおりにタイヤのチューブを交換して再び走れば良いだけだ。自転車を停めて、タイヤを外して、チューブを交換していると、周りからベトナム人の野次馬がやってくる。「俺が手伝おう」と、自転車のフレームを支えてくれたりする人もいる。やはり、ベトナム人は温かい。無事に、タイヤの修理も終わり、修理を手伝ってくれたベトナム人にお礼を述べた時の、彼の返答が忘れられない……。「その、水の入ったボトル、俺にもらえないか⁉」暑いダナンのレースで大事な大事な水だが、道中でサポーターから水をもらえることを期待して、ボトルを彼に差し上げた……。

パンクによる時間のロスは20分のみ。まだまだ制限時間5時間30分には間に合う！　気を取り直して自転車で走りだす。走りながら沿道を見ると、他にもパンクした人が何人もいるようだ。しかし、彼らは修理の為の道具も、予備のチューブも持たずに走り、その場でリタイアしているようだ。「私は、パンク対策の練習をしておいて良かった」と思いながら走っていた、が、70㎞地点にて、「パーン」という大きな音と共に2度目のパンク……。落ち着いて、これまでに練習したとおりにチューブを交換。ロスは30分のみ。まだ制限時間には間に合う、と、更に500m走った地点で「パーン」という大きな音と共に3回目のパンク。予備のタイヤのチューブはもう無い。これで、心が折れた……。レースのリタイアが決定……。

今から思うと、自転車に問題があったのだと思う。ホイールとチューブの間に、何か異物があったと思うが今となっては分からない。自転車メンテナンスも自己責任ゆえ、仕方なし。リタイア者と自転車を回収するトラックに乗せられ、約半年間の努力が実らなかった現実に呆然とする。トラックドライバーからは「ゴールが出来なかったのは残念だね。レースに出るのは、家でテレビを見ているよりは良かったじゃないか！」と、慰めの言葉を頂きながら。

リタイア後、翌年に向けてアイアンマン・ダナンでのリベンジを考えた。しかし、どうしても自転車が好きになれない！　自転車は怖い、危ない、お金がかかる、と、私にはメリット無し。今のところ、有酸素運動の王様であるランニングで十分に楽しめるので、何《い》時《つ》か何かの拍子に自転車が好きになれば、アイアンマンレースに再チャレンジかな？　位のスタンスだ。

最後に、アイアンマンレースには懲《こ》りたのだが、アイアンマンレース創始者ジョン・コリンズが残した言葉が、私は大好きなので紹介する。

「あなたがレースに出ようが、止めようが、誰も気にしない。しかし、あなたはレースの事をいつまでも憶《おぼ》えている！」

25．最悪なマラソン大会とは⁉ ハロン湾・マラソン

ベトナムでは楽しいマラソン大会が多く、私は多くの人に、マラソン大会への参加を呼びかけている。しかし、たまには「地雷」のようなマラソン大会もある。2013年10月に、ベトナム北部・Quang Ninh（クァンニン）省にて行われたHa Long（ハロン）湾マラソン大会は特にひどかった。

ハロン湾（Wikipediaより）

ハロン湾と言えば、ベトナムが誇るドル箱の観光地！ ユネスコの世界遺産にも登録されている。国内外より多くの観光客が押し寄せ、ベトナムのGNP（国民総生産）向上に一役、買っている。首都ハノイより車で約2時間。多くの観光客は、ハノイより1泊2日のツアーを組み、ハロン湾クルーズや鍾乳洞観光等を行う。海水産物が安くて美味しい。

なんと、日本では天然記念物となっている「カブトガニ」まで食べることが出来る！（なお、カブトガニは、非常に非常に不味《まず》いので、お勧めはしないが……）。

このように、素晴らしいハロン湾で走れるということの企画！　日本でいえば「日本三景、松島・天橋立・宮島」でマラソン大会を行うようなものだろうか⁉　しかしながら、素晴らしい場所となると料金も素晴らしく２００万ドン（１万円）という先進国並みの参加料。この為か、参加者は少なく約60人程度。そして、そのほとんどは、我々日本人。「世界遺産・ハロン湾を走ろう‼」等の広告を見てしまうと、我々日本人が真っ先に飛びついてしまうようだ。

予定スタート時間は遅めの朝の7時30分。ベトナムでは朝の7時を過ぎると猛暑となり、通常は朝の5時くらいにスタート時間が設定されるのだが、当大会は時間に無頓着の様子。開会式があり、日越文化交流センター長挨拶、クァンニン省文化・スポーツ・観光局長挨拶、ベトナム国際ハロン湾マラソン２０１３実行委員会委員長挨拶等、どうでもよい（と、思われる）スピーチが続きスタートは更に30分ほど遅れる。ちなみにこのスピーチが形式的で、威厳に満ちて、長い。テレビで放映される中国や北朝鮮の指導者のスピーチを想像してもらえば丁度良い。スピーチが長いのは共産党の文化なのかな⁉

スピーチが長く、どんどんと暑くなってくる。また、スピーチはベトナム語と、聞き取りにくい通訳の英語なので、多くのランナーにはチンプンカンプン。この時点で、走る前から、嫌気のさしたランナーが続出。

さてさて、偉い方々の長く有難い？　スピーチも終わると、ようやくスタート！　待ってました！　とばかりに、ランナーは走る。走ると当然に咽喉《のど》が渇く。通常は５㎞(30分程)走れば、主催者側で給水所が用意されているものなのだが……なんと、給水所に水が無い！「おい、水はどうした⁉」と給水所でサービスしてくれるアオザイ姿の笑顔の素晴らしい奇麗なお姉さんに聞くと「コンコーヌアー(無くなったよ)‼」と、笑顔で返されるのみ。「あなたが走るのが遅いから、前の人が飲んじゃって無くなったのよ！」とでも言いたいのだろう。ランナーは暑い中で死ぬほどに喉が渇き、必死の形相を見せているのに……。微笑みの素敵なアオザイ姿のお姉さんからは、水では無く、そのままに笑顔だけを頂いた。水の無い給水所を2か所通り過ぎ、10㎞（1時間程）水無しで走らされる。この辺りで、ラッキーなことに？　前のランナーが飲んだ後の、残り水の入ったペットボトルを拾う。更にそのペットボトルを、3人のランナーで分け合う。まるで、サバイバルゲームのようなマラソン大会。

この後のフルマラソンの残りの距離32kmも、給水所に水が有ったり無かったり、走るペース配分を考えるよりは、ひたすらに「水、水、水」と念じる。水を飲めるか？　水を飲めるのか？　を考えながらのマラソンとなった。

脱水症状気味で、半死ながらも、なんとかゴール！　時計を見ると、苦労のお陰か、なんと、自己記録を30分も上回る新記録達成!!　やった！嬉しい!!　と、喜んでいると、周りにも新記録を達成している人がたくさんいる模様。何かがおかしい、変だ!!

近くに、GPS付の時計で計測しながら走った人がいた。話を聞くと、フルマラソンの距離が4km以上短く、38kmしか無い事が判明。更に後で主催者に聞いたところ、スタート直前に、道路工事が始まってしまったので、急遽、コースを変更し38kmになってしまったとか……。なんと、いい加減で、中途半端な！　だが、42kmフルマラソンの自己新記録を達成して喜ぶべきか!?

多くのランナーから、主催者側にクレームが寄せられたが、主催者側から誠意のある謝罪は無かった。その後、翌年にもハロン湾マラソン大会は開催されたようだが、日本人参加者は激減して2人になったとか。その翌年には開催も無くなった。尚、現時点では主催者が代わり、正しい？　ハロン湾マラソン大会が運営されているとの情報だ。

26. コロナ対応のランニング

コロナがベトナムで蔓延《まんえん》し、厳しい対応を取られたのが2021年5月〜10月までの半年間だ。2020年初頭より世界的には蔓延《まんえん》していたのだが、ベトナムは当初コロナ感染者増を抑え込み、世界トップクラスのコロナ対策優秀国として、日本でも度々テレビで放映される程に有名だった。尚、コロナ対策が功を奏《そう》したのは、流石にベトナムは社会主義国！ 感染者が見つかれば中国並みの社会隔離処置（ロックダウン）を取ることが出来た事。また、もともとバイクで走る際にマスクを用いるのに慣れていたので、マスク着用を厳格化出来た事等が挙げられる。しかし、ベトナムのゼロコロナが続いたのは2021年4月まで。次第に、感染者がベトナム全土に広がり、交通封鎖、マンションのロックダウン、移動制限等、日本では考えられないような厳しい処置が取られるようになった。

交通封鎖、ロックダウン

ソーシャル・アルディスタンスを守った記念撮影

２０２１年5月からは社会的に厳しい時期ではあったが、ホーチミン走る会は可能な限り開催された。「10人以上の集会が禁止」と保健省から発表があると、「会としての集まりでは無く、自主的に集まったのだ」という体《てい》を取り、10人以下ずつ３ｍ以上離れるようにした。練習会後の記念撮影でも皆、ソーシャル・ディスタンスを守っている（どれだけの意味があったのだろう⁉）。いつものランニングコースが交通封鎖の為に紅白のロープが張られれば、遠回りをしたり、紅白のロープを越えたり（あかんやろう！）した。そのようにして、可能な限りは皆で走った。しかし、それも2か月程度だった。

２０２１年7月からは、路上のスポーツは全面禁止！　通行許可証を持たない、正当な外出の理由が無い場合、外出は許されず、罰金の対象となった。こうなるともう、いよいよホーチミン走る会も活動を停止せざるを得ない。ホーチミン走る会は、このまま自然消滅してしまうのだろうか？　会として皆とは走れなくなったが、ランニングを愛する私は、しつこくも1人でランニングを続けるのだった。9年近く、毎日30分はランニングを行ってきたのだ。ランニングしないと落ち着かない身体にもなっている。持論として、コロナ感染予防にはランニングなどの有酸素運動により免疫力を高めることが最適と考えたので、何の躊躇《ためら》いも無くランニングを続けた。

ただ、マスクも着用せずに走っていたので、私のランニングを嫌がらせする人達が出てきた。私が、どのような嫌がらせを受けたのか、左記に紹介したい。

1. 私のランニングに何をする？　警備員のおじさん

私の住むアパートの警備員のおじさんが鬱陶《うっとう》しかった。マスク無しでランニングに出ようとすると「危険だ！　マスクを着けろ！」と、大声で注意してきた。マスク着用が政府から要請されているので、仕方が無い。私はマスク着用でランニングなど嫌なので、マスクを口に着けずにアゴに引っ掛けて見せると、何も言ってこなくなった。マスクって、口を覆わなければ、意味ないのだが……。警備員のおじさんとしては、注意したというメンツを保たれたようだ。形式を重んじるベトナムではよくある話。

コロナ感染者が増えてくると「マスクを口に着けずにアゴに引っ掛けた姿」というのもダメになったようで、警備員のおじさんは「危ない！　マスクをきちんと口に着けろ！」と、再び大声で注意してくるようになった。

ここで、私の取った行動は……。おじさんにアイスミルクコーヒーをプレゼントしたのだった。すると、このおじさん、次の日から、私がマスクを口に着けなくても、ニコニコするだけで何も言わなくなった。この私の行動、ベトナム人と良い関係を築く為に参考にしてもらいたい。

2. 私のランニングに何をする？　ニュースを見た親父

「罰金400万ドン（2万円）だぞー」と叫んでくる親父がいた。当時は、公園で体操していただけで罰金になったケースがニュースで話題になっていた。罰金は、ホーチミンよりもハノイで課せられるケースが多いようだった。私がランニングを行うのは、外国人が多いホーチミン7区（芦屋、白金台）。罰金刑は、外国人に対しては見逃してくれることが多い。私は、親父さんにニッコリと微笑んで、そのままランニングを続けたのだった。叫んでいた親父は、何もせず私を見るばかり。ホーチミンはいつも平和だ。

3. 私のランニングに何をする？　ビデオ撮影をしてくるおばさん

走る私を見ると、スマホでビデオ撮影をしてくるおばさんがいた。少し恐怖を感じる。公安やマスコミに垂れ込むのでは無いだろうか？　こういう時には、人物特定を攪乱《かくらん》させる為にマスクでしっかりと顔を覆う（本来、コロナ感染予防のマスクなのだが）。更には、ホーチミンで一番恐れられている韓国人（武闘派が多い）のフリをして「キムチー・ビビンバー」と挨拶してそのままランニングを続けた。

4. 私のランニングに何をする？　40がらみの散歩する欧米人男性

マスクを着用せず走る私を注意してくる40歳がらみの散歩中の欧米人男性がいた。お互いにランニングコースを往復するので、すれ違いざまに何度も注意してくる。マスクを着用せず、無視して走っていると、なんと！　私に悪態をつきながら追いかけてくるようになった！「ヘイ！あなた交尾、お◯りの穴、売◯女の息子（AI翻訳）」等とわめきながら。しかしながら、6分／kmの俊足《しゅんそく》？　の私に追いつけなかったのか、30m位走ると諦めてくれた。コロナの為にストレスが溜まっていたのかね？　無視した私も悪かったのだが。

以上のように、路上を走ると嫌がらせを受ける事が多くなったので、今度はアパートの屋上を走る事とした。アパートの屋上の給水塔《きゅうすいとう》などの設備をよけながら、直線距離20m程の往復。日当たりも良く、景色も良いので、まー良いか！　と満足していた。しかし……ベトナムのアパートの壁は薄い。屋上の屋根も同じく薄い。おまけに、私のアパートの屋上は「レンガ」と「瓦《かわら》」をミックスしたような敷物で詰められており、走る度に「ゴルオッ、ゴルオッ」と大きな音がする。走って3日目に最上階の住人から「うるさい！　走るのを止めろ！」と怒鳴られた。ベトナム人に「うるさい」と怒られたのは、人生初めてかもしれない。逆のケースは多いのだが。

仕方が無いと、次は部屋の前の廊下を走る事とした。廊下に据《す》え付けてある消火栓などの設備をよけながら、直線距離10m程の往復。風通しも良く、まー良いか！　と満足していた。しかし……ベトナムのアパートは振動の伝達が激しい。80kgの私の体重はベトナム人のスタンダードでは無く、更に響く。走って2日目に対面の住人から「うるさい！　走るのを止めろ！」と怒鳴られた。ベトナム人に「うるさい」と怒られたのは、人生2回目かもしれない。逆のケースは多いのだが。

仕方が無いので、また路上をコソコソと走る事とし、警備員も立っていない朝の5時頃に走ったり、小雨の降る中を走ったりして、毎日のランニングをしのぐようになった。なんだか、先生に隠れてタバコを吸う高校生みたい。走るのって、こんなに後ろめたいものだったのだろうか⁉

路上をコソコソと走るのも、嫌になってきた。2021年8月頃になると、日中にマスクを着用しても外出が難しい状況となっていた。何とか堂々と、外でランニングは出来ないだろうか？ 周りを見てみると、買物での外出は認められている状況。となれば、買物客のフリをして走れば良いではないか！ 至急に、買物客仮装ランを検討した。まずは、買物をアピールしながらランニングするのに影響が少ない商品を検討。となると、軽くてかさばるポテトチップが最適と思われ、買物袋に詰める。更には、ポテトチップの領収書を買物袋に入れて、購入実績を完全偽装。

1人で買物客に偽装して走る……。少し怖く思われ、強力なパートナーを誘う事とした。東京オリンピック空手男子金メダリストの「喜《き》友《ゆ》名《な》諒《りょう》選手」……に、顔が良く似ているホーチミン走る会の柴田君だ。怖そうな空手家の顔で、体格も重量級で頼もしい。柴田君と一緒に買物客に化けてランニングすれば、トラブルも無いだろう！

決行は平日の朝。柴田君と一緒に、買い物袋を持って、５㎞を走った。公安らしきベトナム人もいたが、チラリと見られただけで、何も言われなかった。やった！　やりました！　買物客仮装ラン、大成功！　長年、ホーチミン走る会で仮装ランを仕切ってきた上野をなめるんじゃーないぞ！

空手の喜友名諒選手
（Wikipediaより）

しかし……買物袋を持って走る2人のヘビー級中年男の姿は、異様だったかもしれない。

その後、日本よりも早い段階で「コロナはインフルエンザと同レベル」と見切ったベトナム！　ＰＣＲ検査を受ける人が少なくなった事も有りコロナ感染者は激減（本当は、コロナ感染者はたくさんいるのだろう）。自然、なし崩《くず》し的にロックダウン・外出禁止等も無くなり、日常生活もランニングも普通に行われるようになっている。

第2章

東南アジア編

ヤンゴン
チェンマイ
バンコク
アンコールワット
パタヤ
ホーチミン
プノンペン
クアラルンプール
クチン
シンガポール
ジャカルタ

1. カンボジアのマラソン（アンコールワット、プノンペン）

この章からは、ベトナム国外の東南アジアでのマラソン大会をいくつか紹介する。日本にいて海外マラソンに出場するといえば、真っ先に思い浮かべるのがハワイの「ホノルル・マラソン」だろうか。ホノルル・マラソンも良いが、飛行機で片道8時間の長旅。航空費・ホテル代・高額な参加費（約3万円）等、諸経費は合計30万円ほど見込まれ、簡単には参加できない。その点、ベトナムにいると、海外の東南アジアでのマラソンに参加するのであれば簡単だ。お隣のカンボジア・プノンペンだと、片道1時間・往復約1万円、東南アジア内で一番遠いミャンマーでさえ、片道3時間・往復約3万円で行けてしまう。マラソンへの参加費も1万円程度だ。しかも、我々の持っているのは世界最強と言われる日本のパスポート！　短期間であれば、世界各国がビザ無し、大歓迎で受け入れてくれる。ベトナムから東南アジアの各国への旅行は、大阪から東京や福岡に旅行するくらいの感覚である。

＊アンコールワット国際ハーフマラソン（21㎞）

東南アジアのマラソン大会で最も有名なのが「アンコールワット国際ハーフマラソン」だ。１９９６年が第一回大会にて、毎年開催され歴史は長い。カンボジアの対人地雷被災者救済の為のチャリティーマラソンという事で、対人地雷の使用禁止を訴え、世界に向けて平和を発信し続けている。アジア最高位と評される世界遺産アンコールワットの観光も兼ねて、世界約70か国から約７千人が参加。バルセロナ・銀メダルの有森裕子さんが名誉会長として毎年参加。２０２２年度大会ではリオデジャネイロ・カンボジア代表の猫ひろしさんが優勝するなど、日本人にも非常に馴染みがある。

アンコールワット遺跡の真正面をスタートし、10～12世紀に建てられたお寺を12カ所も見ながらのコースとなる。走る度に、右に左に遺跡がドーンドーンと出現し、圧倒され、全く飽きる事は無い。参加費は７千円程だが、これは高くない。というのも、アンコールワットの遺跡への入場料だけでも５千円程もするので、差引２千円でマラソンが楽しめてしまうからだ（私の計算は合っているのかな？）

ここで、このアンコールワット国際ハーフマラソンで元気の出る走り方（男性向け）を紹介しよう。前日にマラソンコースの下見を行い、「自分だけの給水・エイドステーションをつくってしまうのだ！」マラソンコースは観光地なので売店がたくさんある。売店では、可愛いカンボジア女性がお土産やドリンクを売っている。その可愛い店員さんから何か買ってあげて、更に「明日、走るから、ドリンクを頂戴《ちょうだい》ね！」とドリンク代を前払いしてしまうのだ。カンボジア人は実直《じっちょく》で律儀《りちぎ》なので、マラソン時には必ず見つけてくれて、ドリンクを手渡してくれる。私は19㎞地点に自分だけの給水・エイドステーションをつくった。ドリンクの手渡しをお願いしたのはマーオさんという背の高くて明るい女性店員。

マーオさん

が、運悪く、マラソン当日の19㎞地点通過時にマーオさんは店先に出ておらず、ドリンクを受け取ることが出来なかった。一応、走りながら売店の方に「マーオさん、マーオさん」と叫んだが反応なし。やむなく、そのまま走った。が、300mほど走ったところで、何と、マーオさんが自転車に乗って追いかけてきた！

ドリンクを持って「オニイサン、オニイサン」と言いながら追いかけて来てくれた！「ゴメンナサイ、ご飯を食べてたの」との事で、彼女から約束通りドリンクを受取ることが出来た。何だか嬉しくなって、残りの２㎞弱は、全速力で走り切ることが出来た。

私がアンコールワット国際ハーフマラソンに参加して、もう10年は経つ。今でも、あのマーオさんはどうしているのかな⁉ と、ふと、思う。

＊プノンペン国際ハーフマラソン21㎞

カンボジアのマラソン大会をもう一つ紹介しよう。こちらは、カンボジアの首都・プノンペンで行われるハーフマラソン21㎞。こちらは遺跡とは関係なく、市の真ん中の王宮を見ながら、雄大なトンレ・サップ川を見ながらのレースとなる。この大会で圧倒的な存在感を見せているのがプノンペンの日本人ランニングチーム「プノンペン走友会」だ。私が参加した２０１９年大会では、プノンペン走友会女性メンバーが優勝。総合でトップ20に11人の日本人を送り込むという、輝かしい実績を残している。

この時、私は余裕を持って大会２日前にプノンペンに到着。大会前日にゼッケン入手後、英気を養うべく中国式のサウナに朝から行くこととした。この中国式サウナが凄い！　入場料1千500円を支払えば1日中でも利用できるシステムだ。大浴場・サウナ・仮眠室は清潔で広い。ビュッフェも完備されており、食べ放題。更に1千円程でマッサージも可能。このサウナで私は大浴場→ビュッフェ→マッサージ→昼寝→大浴場→ビュッフェ→マッサージ→昼寝→大浴場→ビュッフェ→マッサージ→昼寝とサイクルを繰り返し、気が付けば夜。身体は食べ過ぎとマッサージでクラゲ状態。ホテルに戻ったが、昼寝のし過ぎか朝まで眠れず、絶不調のままに、マラソンスタート！

案の定と言うべきか、12㎞地点で走れなくなる。残りは歩いたのだが17㎞地点がホテルのまん前で、トイレに行きたくもなり、そのままリタイア。DNF (Do Not Finish) という、無残な結果。

プノンペン走友会の40人を超える豪勢な打上会には出席させてもらった。司会の鳥居さんからは「皆さん、御苦労さまでした！　今日は皆さん、無事に完走出来ましたかー？」の問いかけ。プノンペン走友会の快進撃の裏で、私は一人恥ずかしく、うつむくだけだった。海外でのマラソン、調子には乗らず体調には気を付けよう！

2. タイのマラソン（バンコク、パタヤ、チェンマイ）

タイは、30年以上歴史のあるマラソン大会がいくつもあり、これまで紹介したベトナム、カンボジアより、マラソン大会の開催については一歩進んでいる。理由は当然である。30年前と言えば、ベトナムは「ベトナム戦争、カンボジア・ベトナム戦争、中越戦争」というくつもの戦争の後でようやく経済改革に着手したばかりの頃。カンボジアに到っては、人民虐殺で有名なポルポト派がまだ活動していた時期だ。マラソン大会など、行う余裕もない。その点、タイは第二次世界大戦後、ずーっと平和を謳歌《おうか》しており、スポーツを行う余裕もたっぷり。現在、タイではハーフマラソンや小さい大会を含めると年間300以上のマラソン大会が開催されている。

＊バンコク・マラソン

第一回が1988年。毎年4万人近い参加者があり、歴史・規模の点からタイで一番のマラソン大会だ。バンコクの象徴である「王宮」前がスタート・ゴール地点。スタートは、なんと真夜中の1時だ。東南アジアでは真夜中スタートのマラソン大会が多い。理由は、言うまでもなく日中が暑いからである。

真夜中を走るとなると治安が心配されるのだが、この大会は心配ご無用。当マラソン大会は、タイで最も治安警備の厳格な王宮の周辺を4㎞ほど走り、その後は延々と高速道路上を走る。高速道路上なので、いきなり暴漢が襲ってくるような心配は無い。灯されている照明も明るく、オレンジ色ゆえか、異郷情緒たっぷりの夜のアジアを走る気分にさせてくれる。高速道路をずっと直線に走り、21㎞地点で折返し、戻ってくると、ちょうど明け方だ。朝陽で照り輝く王宮を見ながらゴールするというのも、また気持ちが良い！　眠らない街と言われるバンコクの夜を満喫できる、お薦めの大会だ！

＊パタヤ・マラソン

アジアの真珠！　アジアのハワイ！　と呼ばれる、タイのリゾート地パタヤでのマラソン大会。バンコクの空港から直通バス2時間で気軽に行くことができる。ホノルル・マラソンに参加出来ない人は、こちらのパタヤ・マラソンでも十分に満足できる（ウソ！　ハワイには敵《かな》いません……）。

海岸沿いに、ヤシの木を見ながら、ハワイには敵《かな》わないが、こちらパタヤもリゾート地、海風に吹かれながら気持ちよく走る事が出来る。ハワイよりも抜きん出る点が有り。言わずと知れた、歓楽街だ。歌舞伎町や大阪のミナミより華やかな、欧米人も多数集まる、アジア随一の夜の街！　なんと、パタヤ・マラソンでは、ゴール地点が歓楽街のど真ん中。ウオーキングストリートという、お姉さんが水着で踊る「ゴーゴーバー」が密集している通り。このギラギラした通りを駆け抜けながらゴールするという粋《いき》な計らいだ！ゴールには、水着のお姉さんが多数待ち受けてくれて……と、想像していたのだが、マラソンが行われる日中に、お姉さんはいなかった。お楽しみは、ゴール後の夜に！

＊チェンマイ・マラソン

首都バンコクに次ぐ第二の都市チェンマイで行われるマラソン大会。山岳地帯にて気温が20度程度と、東南アジアにしては涼しい。古都であり寺院が素晴らしく、少数民族にも出会えることから、観光を兼ねてマラソンに来るランナーが多い。このマラソン大会は古都らしい雰囲気が満々だ。給水・エイドステーションでは黄色い袈裟懸《けさが》けの僧侶による、心のこもったサポート有り(お布施《ふせ》を求めていたのかもしれない)。チェックポイントでは、少数民族女性から手首にお守りの輪ゴムを付けてもらえるサービス有り（後で聞いたら、輪ゴムはチェックポイント通過の目印だった)。正にアメイジング・タイランド気分が味わえるマラソン大会。

マラソン後のチェンマイ観光は、有りすぎて困る程。あえて一つ選ぶとすれば「タイガー・キングダム」。ここでは何と、本物のトラと戯《たわむ》れる事が出来る！　トラの頭を撫《な》でたり、お腹の上に寝たり！　非常に怖かったが、まあ話のネタにはなる。入園料金には保険代も自動的に入っているので、万が一の事が有っても遺族に保険金が支払われるので安心だ……って、家族は安心かもしれんけど、トラに食われる俺は安心ちゃうわい！

3. マレーシアのマラソン（クアラルンプール、クチン）

＊スタンダードチャータード・クアラルンプール・マラソン

マレーシア最大規模、毎年約３万４千名近いランナーが参加する。スタンダードチャータードは、イギリス資本の銀行だ。ここ以外に、シンガポール、香港、台湾等でもスポンサー企業としてマラソンを開催しており、非常に信頼のおけるマラソン大会を実施している。私がクアラルンプール・マラソンに申し込んだのは２０１５年、ホーチミン走る会の佐原さんと弥次喜多《やじきた》コンビでの参加だ。佐原さんは、世界展開している日系メーカーのエンジニア。社内外からの信頼は厚く、交友関係も広い。クアラルンプールには、佐原さんの同僚が勤務されており、今回のマラソンにも参加されると言う。という事で、佐原さんにくっついてクアラルンプール空港に着いたところ……「いやー、佐原さん、いつもいつも、お世話になっております!!」と、佐原さんの同僚が空港へお出迎え。ホテルにも送ってもらい、夜の食事まで御馳走になり、お土産までもらってしまった。ほんと、慣れない海外に行く際には、信頼のある人と一緒に行くべきである。

マラソンスタートは翌朝の4時。夜の食事を御馳走になった後は、夜遊びにも出かけずにホテルにてゆっくりと休息を取り、明日のマラソンに備える事とする。と、夜の7時に、マラソン大会当局より私の携帯電話にメッセージが届いた。「明日のマラソン大会は、HAZE（ヘイズ）の為に中止します」との事。ヘイズ？　なんだ、そりゃ？　聞いたことも無い単語だぞ!!　辞書で調べたところ、「煙害」とある。更に調べたところ、インドネシアでの大規模な「野焼き」による「煙」が隣国であるマレーシアにまで飛んできて大気汚染を引き起こしているらしい。「迷惑な話だ！　だいたい、ヘイズはマラソン数日前から発生していたらしいのに、なぜ、いきなり前日の夜7時に中止の連絡？　前もって知っていれば、わざわざマレーシアまで来なかったのに！」話は飛ぶが、マラソン中止の連絡を「直前」に行うのは世界的には当たり前のようだ。マラソン大会は、世界中からお客様が集まる大イベント。ゆえにも、お客様には是非に当地に来てもらって、ホテル・食事・観光のお金を落として行ってもらいたいという、大会側の思惑があるらしい。中止の発表を前もって行えば、貴重な外貨が来てくれない。有名なところでは、2012年のニューヨークマラソン。ハリケーン「サンディ」の被害後もマラソン大会開催を発表していたが、

3. マレーシアのマラソン（クアラルンプール、クチン）

引っ張るだけ引っ張って2日前に中止の発表となった。日本からも多くのランナーがニューヨークに飛んでいたという。多額の日本円もニューヨークに飛んだ。

クアラルンプール・マラソン当日。ヘイズ、と言っても「遠くが少し霞んで見えるかなー」という程度。これなら、バイクの洪水のホーチミンの方が酷《ひど》いのでは？ 大会は中止になったが、コースを走ろうと佐原さんと一緒にクアラルンプールの街を走る。他にも、残念そうな顔をしながら走っているランナーがチラホラと。日本人も走っており、声をかけたところ、佐賀県から来たというおじいさん・おばあさんランナーの4人組。佐賀県から来たのに比べれば、ホーチミンから来た我々は近いものだ。「いやー、残念でしたねー」と、お互いに笑い、お話しながら10km程走る。うん、いつものホーチミン走る会でのランニングスタイルだ！ ラン後は、完走をしていないが「完走

ヘイズにより遠くが霞（かす）んだクアラルンプール

メダル」「フィニッシャーTシャツ」を大会当局よりもらい、完走したような気がして満足し、クアラルンプールを後にしたのだった。その後、クアラルンプール・マラソンへの再チャレンジはしておらず、いまだに、何時かは完走したいマラソンの一つになったままである。

*クチン・マラソン

マラソン大会が開かれるリストの情報から「クチン」という街の存在を知った。クチン・マラソンに参加したのは2019年8月18日だ。それまでクチンという名前の街など、聞いたことも無かった。日本人には馴染みは薄いが、調べてみると面白い街だった。場所はマレー半島では無く、ボルネオ島北西部。多民族都市として、中華人、マレー人、インド人、ボルネオ先住民が各々個性を発揮しながら住んでいる。かつて、イギリス人が王国を建設し、経済発展を担った経緯もあり、バラエティーに富む街だ。おまけとして、街中に猫がおり、「猫の街」としても有名。

面白そうな街だが、こんな僻地《へきち》？　で行われるマラソン大会なぞ日本人参加は私だけかと思っていたのだが、ホーチミン走る会のクマさん（男性、独身）とミヨカさん（女性、独身）も参加申し込みをしている事が分かった。二人共に30歳前後の若いイケメン・コンビ。同行する仲間が出来て良かった！　と、喜んだのだが、二人からは少々、避けられているような感じ。50代の私とは世代も違うし、別行動を取る事とする。ただ、同じ会の仲間なので、マラソン後の打上会は一緒に行う事とした。

クチン到着後、マラソン前日に市内観光したのだが、想像以上に面白い街だった。映画『千と千尋の神隠し』に出てくるような多様な文化を包括《ほうかつ》する、エキゾチックな街！「猫の街」とも呼ばれるほどに、本当に猫が多いのにもびっくり！「猫博物館」まであり、日本の「ドラえもん」「なめ猫」が真面目に紹介されているのには笑った。

また、これまでに食べたことが無いメニューがいくつもあった。汁無しソース麺の「コンローミー」クチン名物「土鍋のチキンライ

猫博物館

ス」バームクーヘンのような「クエラピース」。これだけ情報が発達した世の中、たいていのメニューは食べたつもりだったので、新しい食感を味わえるというのは嬉しい！　この街の文化が、まだ世界に発信されていない証拠なのだろう。是非に観光に値する街だ。

コンローミー

マラソンは、予定通りに真夜中の1時スタートで開催された。参加人数は約2千人。ローカルな大会かと思いきや、かなりしっかりしている。招待されたのか、それとも賞金稼ぎに来ているのか、速そうな黒人選手も多い。ペースメーカーも3時間から30分間隔で6時間まで用意されている。私はペースメーカー5時間と5時間30分の間で、追いついたり追い付かれたりの「追いかけっこ」を楽しんだ。道は暗い。真夜中の道を、なんとか、迷わずに走れる程度。よく考えてみると、クチンはボルネオ島に位置しており、奥に入れば

3. マレーシアのマラソン（クアラルンプール、クチン）

ジャングルの密林のはず。少々、怖い気もしたが、猛獣が襲ってくるような気配は無い。25㎞程走った地点で、スコール（強い雨）が来た。熱帯気候特有の雨にて1時間程は土砂《どしゃ》降《ぶ》りとなる。ちょうど熱くなった体のクールダウンには程良いくらい？ 35㎞程走った地点で夜が明けると、イスラム教のモスクからはアザーン（お祈り）が大音量で聞こえてくる。お祈りの意味も何も分からないが、これもまた異国情緒たっぷりで気分が高揚する！ マラソンのラストシーンでは、雨も止み、夜も白々と明けており、気持ちの良いゴールとなった。また1つ、大きな経験をした気分だ！

ゴール後、ホテルで少し休息した後に、朝食を兼ねてホーチミン走る会のクマさん（男性、独身）、ミヨカさん（女性、独身）と打上会を行う。クマさんはサブ4達成、ミヨカさんは時間がかかったが完走！ 二人とも無事に完走したとの報告で、互いの健闘《けんとう》を讃《たた》え合う。が、報告はマラソンだけでは終わらない……。なんと、二人が近い内に結婚するとの報告!! ぶったまげた！ ついに、ホーチミン走る会のメンバー同士でのカップルが誕生するのか！ これまでにも、ホーチミン走る会メンバーと遊びで走りに来たベトナム人の女の子とが結婚したパターンや、不倫のカップルもいたようだが、ドーンと日本人同士の結婚となると初めて！　思い起こせば、2012年に初代監督の宇山さんと一緒にホーチミン走る会のコースを走って会を作り上げたことが、今回の幸せを運んだ発端なのかと感慨深い。クマさん、ミヨカさんの二人は、誰も参加しないであろうド・ローカルのクチン・マラソンへ、「婚前ハネムーン！」と二人だけのロマンチックな時間を過ごそうと来たのに、邪魔をするように私がいたようだ(決して、邪魔する気は無かったよー!!)。その後二人は、コロナの影響による延期はあったが無事に結婚式を挙げられ、幸せな結婚生活を続けられている。

幸せは更に続く。クマさん、ミヨカさんの結婚報告の翌日にクチンを後にしてホーチミンに戻ったのだが、空港に到着したら、私の妻が急遽《きゅうきょ》、帝王切開で娘を産んでいた。妻の出産が近いのに、私が海外に泊りがけでマラソンに出かけ、娘の出産に立ち会わなかったと、家族からは非難轟轟《ひなんごうごう》の嵐《あらし》。まー、結果オーライ！　ホーチミンで生活を続けると、小さなことは気にしなくなる！　クチン・マラソンの翌日に生まれた娘を「華《はな》」と命名し、元気に育っている。という訳で、縁起の良い、素晴らしいクチン・マラソンなのである⁉

4. 赤道直下のマラソン（ジャカルタ、シンガポール）

マラソンは暑さに敏感なスポーツだ。少しでも良いタイムを出すために、東京オリンピックでマラソンの開催地が札幌に移されたのは有名な話。本書でも、暑さで苦しめられた様子は「これでもか！」という位に書いている。この、暑さに弱いスポーツを赤道直下で行う意味はあるのか？　答えは「はい、あります！」なのだ。タイム……「そんなの、関係ねー！（小島よしお）」なのである。タイムを競うのは、ごく一部のオリンピック選手やプロ選手に任せておけばよい。暑い場所で走ると、タイムが上がらないのは当然。それならばと、開き直って、いかに暑さを克服して、突っ込みどころ満載のマラソン大会を、どれだけ楽しく走れたかが重要になる！　もちろん、速く走れるに越したことは無い。ただ、それよりは、「皆で楽しく完走！」なのだ。以下のマラソン大会も、タイムを気にするランナーから見れば避けたい大会だろうが、私的には楽しいマラソン大会だ。

＊ジャカルタ・マラソン

ジャカルタは、赤道を南に越した南緯6度12分に位置する高温多湿の都市。平均最高気温は32・6度。ジャカルタの街は、本当に走りづらい。暑いのもあるが交通渋滞が酷《ひど》い。タイのバンコクやインドのデリーも交通渋滞が酷《ひど》いが、現在、ジャカルタはそれらを上回り「世界最悪の交通渋滞都市」とまで言われている。更には歩道が少なく、整備されていない道も多い。ジャカルタ在住のランナーに聞いたところでは、走る為に、わざわざ車で郊外にまで出ているとの事だった。

この、マラソンに不向きな街でジャカルタ・マラソンが初めて開催されたのは2012年、比較的に最近だ。噂《うわさ》では、日本人が立ち上げたとも聞く。コースは、インドネシア独立の象徴である「独立塔（モナス）」をスタート。インドネシア最大のイスラム教モスクである「イスティクラス・モスク」、荘厳な「ジャカルタ大聖堂」、オランダ植民地時代の建物が残る「バタビア地区」等を通る、贅沢《ぜいたく》な観光コースとなっている。走りにくいジャカルタではあるが、流石にマラソン大会では交通整備もされている。観光名所などをチラホラと左右に見ながら、お上《のぼ》りさん気分で走れるマラソン大会だ。

4. 赤道直下のマラソン
（ジャカルタ、シンガポール）

マラソンの制限時間は7時間。東南アジアでは大抵《たいてい》の大会で7時間となっている。私のようなゆっくりランナーには有り難い。日本だと、普通は6時間で大会は打ち切られてしまう。ただし、7時間あると言っても、油断はできない。遅くなると、交通警備が緩《ゆる》みだすのだ。マラソンの間は、車両の通行は止められるのだが、時間が経つに従い、ランナーが少なくなると、車・バイクがマラソンコースに入ってくる。「世界最悪の交通渋滞」には巻き込まれないよう注意が必要だ。

ジャカルタ・マラソンの後には、日本人ランニングクラブによる盛大な打上会が企画される。ドルフィン・ランニングクラブ、ヤ

ジャカルタ・マラソン　6つのクラブによる合同打上会

マモトモナス、その他トライアスロンのチームなど、なんと、6つのクラブによる合同打上会だ！　総勢100名以上。お互いに対立もせず、活動報告を行い合い、気勢を上げる！　クラブは違えど、このジャカルタ・マラソン大会が、一つの節目となっている印象だ。打上会の最後に記念写真撮影となったが、よくぞ、この厳しい場所にこれだけのランナーが集まったものだと驚きの一言！

＊スタンダードチャータード・シンガポール・マラソン

北緯1度17分、正に赤道直下！　しかしながら、ジャカルタとは違って、ランニングの環境は良い。流石に国の政策として「緑に囲まれた都市」を掲げ、緑化政策に取り組んできた国だけある。国中に植樹された公園が存在し、ゴミも落ちておらず、歩道も整備されている。シンガポールのシンボルである「マーライオン」でも「マリーナベイ・サンズ」でも、ランニングで簡単に行けてしまう。

シンガポール・マラソンはマレーシア・マラソンと同じくスタンダードチャータード銀行がスポンサー。私の参加した2019年11月30日の大会では世界約130か国から

4. 赤道直下のマラソン
（ジャカルタ、シンガポール）

5万5千人が集まったというから、東南アジア最大のマラソン大会と思われる。スタート時間は夕方の6時！　暑い日中を避けての時間設定であるが、夕方6時スタートというのは東南アジアの他の大会でも聞いたことが無い！　これだと、遅い私のゴール時間は真夜中の12時頃となってしまうのだが、治安は大丈夫なのか？　はい、治安は大丈夫！　現在、シンガポールは「世界の安全な都市」ランキングでは第3位！　東京・大阪より治安の良い都市となっている。

マリーナベイ・サンズへのランニングコース

　応援隊も見事！　インド人のマハラジャダンス、マイケルジャクソンのムーンウォークダンス、セクシー水着のダンス、鼓笛隊、等々3㎞間隔くらいで凄《すご》いのが用意され、ワクワクさせてくれる。今回の大会では私の記録は6時間7分。ゴール地点では真夜中の12時を過ぎたが、そのまま普通に歩いてホテルに帰る事が出来た。

さて、マラソン大会は、まだ終わらない。シンガポール・マラソン大会では、翌朝8時30分より5㎞のレースも用意してくれているのだ！　別に5㎞のレースは申し込まなくても良いのだが、せっかくシンガポールに来てしまったのだから「ついでに行っとくか！」と、セコイ関西人勘定で、申し込んでしまったのだった。マラソン42㎞を走った後の身体は、いつもボロボロ、座り込んで動けなくなる。医学の見地からは「フルマラソン後は車の交通事故を負った程度のダメージがある」と言われる。回復の為に1週間は安静にするべきなのだが、わずかに8時間余り休息後の「おかわりラン」である。この私の5㎞マラソンは、目が赤く腫《は》れ、首が曲がらず、両腕が上がらず、腹筋がよじれ、内股《うちまた》がこすれ、太ももが張り、膝《ひざ》がガクガクとし、足首が痛い、まるで「ゾンビ」が歩いているようなランとなった。うん、今から思い出すとスタンダードチャータード・シンガポール・マラソンは楽しい大会だった！

5. ミャンマーのマラソン（ヤンゴン）

２０２０年1月19日、ミャンマーの旧首都であり最大都市で行われた大会に参加。今から思えば、非常に貴重な大会に参加出来たのかもしれない。というのも、この大会を最後に、この国ではマラソン大会が行われていないのだ。

ご存じの通り、２０１９年12月初旬に中国の武漢市でコロナウイルス感染者が報告され、数カ月のうちに世界的な流行となった。コロナウイルス感染予防の為、２０２０年から２０２２年にかけては、どこの国でもマラソン大会は中止・延期が続き、２０２３年となってようやく通常にマラソン大会が復活して来ている状況。ミャンマーに関して更に深刻なのは、２０２１年2月に起こった軍事クーデターだ。軍事クーデターの影響により、テレビ・ラジオ・インターネットの情

ヤンゴン市内・パゴダ

報統制の強化、日本を含む多くの外資系企業も撤退、人権侵害・民主化の妨害が起きており、到底マラソン大会が開催される状況ではない模様。

当大会は2013年から毎年行われており、2020年度は第8回目。大会には8千人近くが参加。そのうち、海外からのランナーは700人近く。コースは平坦で走りやすい。コース中に、パゴダ（仏塔）がいくつも現れ、ランナーを飽きさせることも無い。ゴール後には大会Tシャツを2枚もくれるなど、気前も良い。全く普通に素晴らしい大会なのだ。

この時の大会も、ホーチミン走る会の佐原さん、タマちゃん、村上さんのいつものゴキゲンメンバーと普通に参加。ヤンゴン駐在の朝倉さんにアレンジしてもらい、いつものように前夜祭で地元の料理を堪能。村上さんはいつものように前夜の飲み過ぎで撃沈。いつものように走り終え、パゴダや美術館等を観光して、普通にホーチミンに戻った。この、「いつもの普通の」スタイルが、もう、出来ないのである……。ある日、それまでは普通だと思っていたものが急に崩れてしまい、それは実は素晴らしいものだったんだなーと、分かる事がある(村上春樹っぽい書き方)。ヤンゴン・マラソンが、正にそれだ。ネットを見ると、次のヤンゴン・マラソンは２０２４年に開催されるようだ。果たして、本当に開催されるのか？　開催されるとすれば、これまで同様に素晴らしい大会なのか？　非常に気になる大会なのである。

第3章

番外編

1. ダイエット・サプリメント、医薬品のご紹介！

ダイエットの為に走られている方に朗報！ 効果的にダイエットを行う為には、やはり、サプリメント、医薬品等の強い味方も必要なのでは無いだろうか？ 当節では、ベトナムで入手出来るダイエット・サプリメント、医薬品について紹介する。

1. 健康茶

ホーチミン市5区中華街の漢方薬屋で購入できる。ホーチミンには、中国の清朝が倒れた時に避難してベトナムへ移民してきた中国人が多い。このホーチミン市5区には、中国4千年の伝統を引き継いだ、由緒の正しい（と、思われる）華僑《かきょう》の方が住み、商売している。お店に入ると、200年以上前から使っているかと思われる巨大な木製の古いタンスがデーンと置いてある。お店の主人に「痩《や》せる薬をちょうだい！」とお願いすれば、タンスの引き出しから薬草を取り出し混ぜ合わせて、独自の「痩《や》せる健康茶」を調合してくれる。

さて、家に持ち帰り、煎じて飲んだところ……腹痛・下痢が止まらない!! 30分に1回はトイレに駆け込む！　走りに行く、会社に行くことも到底《とうてい》無理《むり》無理《むり》!!　にて、1日で使用中止となった。

2. 食欲抑制《よくせい》剤

綺麗なドラッグストアーで購入。この食欲抑制剤に限らず、「ジェネリック医薬品」と呼ぶのだろうが、ベトナムでは特許が切れた薬が、格安で販売されている。最新の特許を持たないので、少々不安はあるが、大抵の薬は効果がテキメン！　むしろ、最新の特許を持つ薬は安全性を重視しているので効果が薄い!?　特許を持たない薬の方が、ストレートに効果が表れるような気がする。この、「食欲抑制《よくせい》剤」も特許を持たないジェネリック医薬品の一つ。怖そうな薬だが、医師の処方箋《しょほうせん》も不要で、楽勝で購入できる。

朝に1錠飲むだけ。効果もスゴイ！　全くお腹が空かない！　何か食べようとも思わない！　で、毎日夜にビールだけ飲む生活を続けていたところ……3日ほどすると、顔色が青く、頬《ほお》が痩《や》せこけてきた。走り出すとフラフラする……。無理に食べようとしても、食べ物が美味しいとも思えない。健康に良いとは思えず、4日目に使用中止となった。

3. 米国製薬（HYDRXXX CUT）

サプリメント専門店で購入。概《がい》してベトナム人は「薬好き」なので、サプリメント専門店があちこちに出来、繁盛《はんじょう》している。この薬も、繁盛《はんじょう》しているお店から、勧められるままに購入した。毎日飲んで運動すれば、脂肪が燃焼されバランスの良い筋肉も付くとの事。アメリカ製との事にて、ハリウッド映画に出てくるような俳優になれる事を妄想しながら、喜び勇んで飲んでみると……何とも気分が悪い。吐き気がするような、怒気が宿るような、表現すら難しい嫌な気分。

気になってネットで調べてみたところ、アメリカでは肝不全による死亡例、肝移植の必要例、心臓への影響、筋障害、腎不全などなど、いくつもの悪作用・副作用が報告され、販売中止！　既に回収されてしまっている薬らしい。おいおい、アメリカで売れなくなったからって、ベトナムで売るなよなーー!!

4. MDMA

最初に断りを入れておくが、私は試していない。MDMAは別名エクスタシー、キャンディ等、素敵？　な名前を持つ薬物。幻覚作用が有り、クラブ・ディスコで多用されている。ブラッド・ピット主演の「バベル」という映画の中で、日本人女子高生役の女優が、この薬物を飲んでハイになった状況をうまく演じている。麻薬なので、持つことも使用する事も、日本では違法。ベトナムでも違法となっており、ついこの間、ＭＤＭＡを大量に所持していたベトナム人女性に死刑判決が下ったばかり。恐ろしい薬物のようだが、ホーチミン市ではデタムと呼ばれる繁華街で、気軽に買えるという噂《うわさ》。さて、このＭＤＭＡだが、飲むと、食欲が無くなるという嬉しい？　副作用がある。ＭＤＭＡを飲んで、食欲を感じないままに踊り遊んで、体力を消耗して亡くなられる人もいるとか。「皆さん、確実に痩《や》せる薬なので、ぜひ一度お試《ため》し……、」と、書くと、出版禁止になってしまうので……、「良い子の皆さん、ＭＤＭＡは麻薬の一種なので、絶対に試さないで！」

5. ファットメタボライザー（日本の薬）

サプリメント専門店で購入。有名な薬のようで、日本でもベトナムでも購入可能。こちら、発汗《はっかん》作用のある薬。走る直前に飲むと、ランニング中及びランニング後には、汗がダラダラと滝のように出る。ランニング後に椅子に座ると、水(汗)たまりが椅子の上に出来る程。ランニングが終わってから、普通に食事や、仕事をする時にもダラダラと汗をかく。なんだか、みっともも無い。また、「汗は出るけど、本当に痩《や》せているの?」という疑問もあり、いつの間にか、飲むのを止めてしまった。

結論:ダイエット・サプリメント、薬品に頼らず、地道《じみち》にトレーニングに励むこと!!

2. 僕らでつくった、日本商工会マラソン大会

ホーチミン走る会の活動は、「走る」だけに留《とど》まらない。時には、自らマラソン大会を立ち上げる事もする。今回は、ホーチミン日本商工会と一緒に手作りしたマラソン大会を紹介しよう。ホーチミン日本商工会は、ホーチミンに存在する日系企業から参画された人たちによる組織だ。「日本・ベトナム両国の経済発展への寄与・文化交流の促進」が大きな目的となっている。ベトナムで会社運営のトラブルがあった時に相談にのってくれるのも、日本人学校の運営を行っているのも、盆踊り・コスプレイベント等を開催してくれるのもここだ。ホーチミンで日本人が住みやすい環境をつくる努力をして下さっている有難い組織なのである。

2016年3月の某日の昼下がりのことだった。某大手総合商社の坂上さんと、ハンモックカフェでゴロゴロと寝転びながらの会話。私と坂上さんとは、若い頃に共に企業研修でベトナム語を勉強した同志で、師弟関係の間柄。当時、坂上さんはホーチミン日本商工

会に参画し、会長まで務められ、ホーチミン在留日本人界では有名人。「ホーチミン日本商工会のドイモイ（刷新）を！」と、声高らかに叫び、改革を推進されていた行動派。ベトナムで何かイベントを企画したいとの思いから、次のような会話があった。

坂上会長：なあ、上野君。何か、大きなことがしたいねー。

上野：え？　は、はい！　そ、そうですね（この人、次は何を考えているんだろう……）。

坂上会長：マラソン大会なんて、どうかな!?

上野：は、はい。それは、いい思いつきですね（そんな、簡単に言わないでよ……）。

坂上会長：ホーチミン日本商工会のパワーと、君のホーチミン走る会の組織力があれば、42㎞くらいのフルマラソンだって、可能だと思うんだよ！

上野：はい！　素晴らしいです！　マラソン大会、いつかは僕も自分達でつくって、開催したいと思ってました！（そ、そんな無茶な……。マラソン大会のノウハウも、時間も、お金も無いのに！）

坂上会長：よし、決まった！　2人で力を合わせて頑張ろう!!　いいマラソン大会をつくろう！　握手、握手！

上野：……………（ウソ？　ホント？　握手って！）。

と、坂上会長と堅い握手を交わしてしまった私。「悪魔との契り」とは、こういうものか、とんでもない約束をしてしまったのだった……（汗）。

後日聞いたところ、マラソン大会の開催は坂上会長が熟考した上での判断だったらしい。ベトナムを含めた海外の日本商工会のスポーツイベントと言うと、いつも決まって「ゴルフ」。ゴルフも悪くは無いが、更にオープンに、全員参加型のイベントを考えると「マラソン」が上位に来る。マラソンだと「子供達も参加して親子・家族で一緒に走る！」「日本人駐在員とベトナム人従業員が一緒に走れる！」「健康増進とダイエットにもなる！」等々、明るく楽しいイメージがいっぱい。ホーチミン1区（新宿、梅田）のグエン・フエ通りから統一会堂に向けて楽しく走れば、日越友好のシンボルとなること間違い無し！　更に、チャリティも募《つの》れば、ベトナムへの社会貢献にも一役買える！

坂上会長とのマラソン大会実現の約束を果たすためにも、まずはホーチミン走る会にて組織を作らなければならない。幸いにも、走ることに関してはベテランメンバーが揃《そろ》っていた。毎月アジアのどこかでフルマラソンを走る佐原さん、陸上インターハイ記録保持者の石田さん、東南アジアの山ガール北岡さん、仮装マラソンなら任せておけ！　の藤原さん（仮装は関係ないけど！）、ゴルフだったら任せておけ！　の佐藤さん（ゴルフは全然関係ないけど！）等々、走る人材の宝庫である。

皆にマラソン大会開催について相談をしてみた。「やってみたい！」という気持ちはあるものの、否定的な意見が続出!!

＊この暑いホーチミンで、小学生に本気で42㎞も走らせるのか？

＊信号無視が当たり前の中、バイクの洪水からランナーを守る警備体制は？

＊医療サポートは？　賞品は？　計測は誰が？　集金方法は？　赤字になったら誰が責任を？　トイレは？　等々云々《うんぬん》……。

要するに分かったのは、皆は走ることには長《た》けているが、私も含めて「マラソン大会の開催には、ど素人」という事だった。更に、リーダー格である佐原さんがヤンゴン・マラソンで車にはねられて、5ｍもぶっ飛ばされたという経験をお持ち（奇跡的に無傷）なので、慎重となる。とにかく、「病人・怪我人が出る事を想定し、万全なサポート体制を敷く」

がコンセプトとなり、結局のところ、ホーチミン走る会としての意見は左記のようになる。

＊チャレンジとして10㎞走が限界。あとはファミリー向けに5㎞走と1・5㎞走。
＊ホーチミン走る会として、コース作成、当日のランナーへの給水等のお手伝いはするが、運営は無理！

当初の目論見《もくろみ》からすれば、規模の小さいマラソン大会になってしまいそうだ。

一方、日本商工会での進行も難航した。マラソン大会実現の為、坂上会長がホーチミン日本商工会内で組織を作る事となった。マラソン大会開催のベトナム政府への申請、スポンサー企業の選定、ウェブによる宣伝等々。リストアップしたところ、やるべき事は鬼のようにある。まさに「プロジェクトX」にて、準備前から中島みゆきの「地上の星」のメロディが頭の中を流れていく。しかし、肝心の「旗振りリーダー」がいない!!

少し、日本商工会という組織・事情について説明する。「日本・ベトナム両国の経済発展への寄与・文化交流の促進」を目的として設立され、参加企業は約1千社、専任の事務局員もおられ日々活動しておられる。各商工部会・実行委員会には各企業から選抜されたスペシャリストが参加し、名実ともにベトナム随一の組織。しかしながら、ほとんどの皆様は「日本の会社からベトナムに送られたサラリーマン」という立場。自分の属する会社でのミッション遂行が第一であり、商工会活動はボランティア感覚となってしまうのはやむを得ない。ゆえ、いかに坂上会長が日系1千社のトップに立とうとも、商工会員に対して「君にマラソン大会実行リーダーを任命する！」というような人事権は無く、「なーなー、一緒にやろうよ！　協力してよ！」的な言い方しか出来ないのだ。坂上会長にしても例外で無く、総合商社ベトナム会社の代表という立場が第一にあり、商工会会長の大任がある。この上更に、マラソン大会の旗振りリーダーまでは出来ない状況。

ホーチミン日本商工会にはスポーツシューズメーカーも参加されている。日本のマラソン大会ではスポンサー企業として力を発揮されているので、大会旗振りリーダーをお願いしたところ、「仕事が忙しくて、余裕はありません！」の一言。何も、言い返せません。マラソン大会の仕切りをアウトソーシングさせる方法もあるが、試しに日系の広告代理店に仕切り作業を頂く見積りを取ったところ、「1千万円程度」との事で一発却下！　幸いに、日本商工会内に「スポーツ・文化委員会」があり、委員長の廣川様に声をかけたところ「いいですよ！ マラソン大会、私がやりますよ」と、快い返事!! ほっと、一安心……も、つかの間、廣川様が会社の辞令により日本へ帰国となってしまう。転勤というサラリーマンの宿命には逆らえず。日本商工会内で、マラソン大会実現に向けて、誰も、何もやらないままに、時間のみが過ぎていった。

日本商工会内で、マラソン大会実現に向けてのリーダー不在の状態が続く。リーダーがいなければ、誰も何も動かない。3月に話が出て、既に6ヶ月経ち9月になったが状況は同じ。日本商工会の年間スケジュールの欄には「日本商工会マラソン　2016年12月11日開催予定」とあるが、いつ削除されてもおかしくない状況。

一人焦《あせ》る、言い出しっぺの日本商工会の坂上会長！「誰か、リーダーをやる奴はいないかー？ リーダーをやる奴はいないかー？」と、秋田県のナマハゲが「悪い子はいねーかー？」と練《ね》り歩くように旗振りリーダーを探す。リーダー探しは大林商工会事務局長にも求められ、商工会首脳部が一丸となってリーダーを探す。だが、残念ながらこの日本人人口8千人程度のホーチミン市で、マラソン大会を熟知し、時間があり、無料奉仕でリーダーをやってくれる人など、まずいない！ 坂上会長からは、リーダー探しの矛先を我々

「ホーチミン走る会」に向けてくる。「なーなー、リーダーの方、頼むよー！」と。

少し、ホーチミン走る会について説明する。当会は２０１２年3月に、走ることが好きな人達が集まって作られた同好会。会則も会費も無く、当然ながらベトナム政府への組織登録も無い。責任も義務も無く、自由奔放。そのような会が、人様の命を預かるマラソン大会を主体的に運営するなど恐れ多く、責任も取りようが無い。事故でも起これば、皆が嫌になり、そのまま自然消滅も有りえよう。ゆえに、今回のマラソン大会にも「お手伝い程度の協力」と坂上会長にクギを刺しておいたのである。

いよいよ10月となり、商工会とホーチミン走る会の合同会議が開かれた。「お互い、マラソン大会に向けて何が出来るのか？」といったテーマで召集をかけられたと思うが、話の要点は坂上会長からホーチミン走る会へのマラソン大会運営リーダーの依頼！　以前より煮詰まった問題を、時間が無いからと切り出されると、人としては断りにくいもの。この場において、渋々ながらではあるが、ホーチミン走る会として全面的に運営を行う事を了承してしまったのだった。単なる同好会が表舞台に出る一瞬だったのでは⁉　と、今なら思う。ホーチミン走る会の存続を賭けて、賽《さい》は投げられた‼

ホーチミン走る会が、全面的に日本商工会マラソン大会の運営に携わる事となった。まず、結果から言ってしまうと、予定通り2016年12月11日に行われ「大成功」に終わった！　参加申し込み人数は当初500人くらい集まれば「御の字」！　との目論見であったが、予想を大幅に上回る1千327人の応募！　これは、チケット販売を担当した「商社マン」でもある坂上会長のお手柄！　参加資格の範囲を企業のベトナム人スタッフまで広げた事により、「社内での日越スタッフ交流のきっかけに出来れば！」とアピールした事が奏功した。病人・怪我人が出る事も無く、全員が完走！　協賛企業からの寄付金・補填等が無いにも関わらず、赤字にもならずに収支は綺麗にゼロ！　ホーチミン日本商工会のスポーツ・文化の催物はゴルフ、テニス、フットサル、盆踊り、落語等があるが、マラソン大会が参加者数No.1を達成！　2017年度以降も迷わず続けられる事となった。以下、マラソン大会へのドタバタ劇をトピック毎に書いていきたいと思う。

＊マラソンコースの設定

マラソンたるもの、42・195㎞を目標とするもの！　しかしながら、この暑く、交通事情の悪いホーチミンでいきなり42・195㎞のコース設定を行うのも無謀との意見から、初回は10㎞、5㎞、1・5㎞の3パターンで行う事となった。

既に、ホーチミンではイギリス領事館、台湾商工団体、NGO団体等が企画するマラソン大会があったのだが、行われるのは2区（豊洲ベイエリア、千里ニュータウン）、7区（白金台、芦屋）といった、郊外での開催ばかり。ここは、ホーチミン日本商工会のパワーの見せどころ！　華やかなる1区（新宿、梅田）での開催を目指す事となった。

重要なのが、マラソン大会などの公共の場所で行うイベント・集会は、ベトナムでは当局への申請が必要となるということ。しかし1区（新宿、梅田）でのマラソン大会に許可をもらうまでは一筋縄ではいかない。ここはベトナム、団体・集会が政治色を帯び、一党共産党体制への反政府勢力となることを警戒する動きがあるからだ。1区（新宿、梅田）といえば役所・大使館が集まるところ。マラソン大会が開催されればその時間帯の道路は閉鎖され、公安・病院といった施設まで機能しなくなってしまう恐れがあった。十分に検討・議論された結果、1区（新宿、梅田）でのマラソン開催は、まず不可能と判断された。次に検討されたのが7区（白金台、芦屋）。7区（白金台、芦屋）では、毎年「HCMCマラソン」が大々的に開催されている。また、「TERRY FOX RUN」という由緒正しいチャリティランも7区（白金台、芦屋）開催。キティちゃんと一緒に走る「HELLO KITTY RUN」、風雲たけし城のような障害物ランまで、「これが、マラソン⁉」と、首を傾げたくなるマラソン大会まで盛りだくさん。とにかく、実績が多いので申請・許可は問題無いだろうとの判断。

また、7区（白金台、芦屋）には超強力なサポーターがいる。それは、「ホーチミン日本人学校」。マラソンのスタート・ゴール地点として、ホーチミン日本人学校のグラウンドを使わせて頂ければ1千人を超えるランナーの収容も可能。厳重なるセキュリティーガードもおられ、テロ対策も万全（テロの話など聞いたことも無いが）。何より、学校のトイレを利用できるのは有りがたい！（海外のチープな青空マラソン大会だと、路上の立小便・座りウ○コは当たり前。それを嫌い、多くの女性はマラソン大会出場を控えてしまう）

ホーチミン日本人学校の校長先生・教頭先生にもお願いしたところ、快諾を頂く！

「残念ですが、こういう海外でのマラソン大会開催等は前例が御座いませんので、日本の文部省に申請・許可を取って……」等を言う、今時の融通の利かない先生達かと思いきや、さすがに海外にまで来られた先生は、一味違う！ また、100人を越えるホーチミン走る会のメンバーには、アキエ先生&ツキミ先生というビューティペアの日本人学校の先生もおられ、学校側での纏《まと》め役としてもうってつけ！ スタート・ゴール地点は決まった！

さて、では次にどこを走るのか？ 最長で10㎞コースを用意するので、日本人学校から片道5㎞の往復が望ましい。日本人学校から5㎞走った地点に、「フーミー橋」という見た目も麗しく、ランナーイジメの急な傾斜も用意されている橋有り。このフーミー橋まで走って、戻ってくるのが理想的。このコースしか考えられないと、早速、「日本人学校出発・フーミー橋越え往復コース」にてホーチミン7区のスポーツ管理局に申請を行ったところ、何と、拒否されてしまう!! 詳細理由を聞いたところ、「橋超え」がダメらしい。7区（白金台、芦屋）と、お隣の2区（豊洲ベイエリア、千里ニュータウン）との「区」の境界線が「フーミー橋の真ん中」なので、橋を超えると隣の区まで行ってしまい、行政管轄が違うのでダメとの、役所らしい回答……。で、フーミー橋の真ん中で折り返すのならOKとの事。折衷案ながら、OKしてもらえたので進める事となる。

OKであるが、問題がまたも発生！ この、フーミー橋、車道の横にバイク用レーン、歩行者用レーンが設けられている。車道を走るわけには行かず、往路は歩行者用レーン、帰路はバイク用レーンを考えたのだが、橋の真ん中で隣りのレーンに移る為には1・2m程の「壁」を越えなければならない。たかが、1・2mの壁なれど、小学生が超えるには高い。壁をよじ登って超えるのも可能だが、万が一怪我でも起これば、「それ、見た事か!!」と、モンスターペアレンツの批判にあうことは必中。どうしたものか……と、その時、挑戦者に「天の恵み」と思われる助け舟が現れた！（プロジェクトX風に書くと、こうなる）。西尾レントオール社の田中様より、壁を越えるための「ステップ階段」を無料で貸して下さるとの申し出有り。これにて、壁の問題も解決！ 日本では、直ぐに解決できる問題だが、無い無いづくしのベトナムでは本当に有り難い事なのだ。

基本コースが決まると、実際に走って、問題が無いかのチェックを行う。こういう仕事は、ホーチミン走る会のお家芸！ 走る会の韋駄天《いだてん》・俊足である石田さん、フックさん達と一緒に、交通量に問題が無いか、給水ポイントはどこにするか、悪路は無いか等のチェックである。と、コース上で、思わぬ問題が出現した!! 「犬」を飼っている家があったのである!! ベトナムでは、郊外に出ると、犬を放し飼いにしている家が多い。泥棒対策の番犬である。このベトナムの犬、普段はおとなしくしているのに、ランナーを見つけると、吠えながら追いかけてくるのである（もっとも、犬の視点に立つと、我々ランナーというのは、赤や黄色のカラフルなウェアで目立ち、家の前まで走ってきて、そのまま走って逃げていくのだから「不審者《ふしんしゃ》」以外に考えられないのだろうが……）。「あっちへ行け！」と犬に怒鳴ると、一旦引き下がった後に仲間も連れて追いかけてくるのだからタチが悪い（実際、私は別の場所で2回噛まれたことが有る）。やむなく、「犬」に屈服して、コースの修正を行う。このベトナム、素直に物事が運ぶことは無い！ と、自分に言い聞かす。

いろいろと調査・検討され、様々な意見が出たが、最終的には坂上会長の「エイヤ！」で左記の3コースと決まった。

・チャレンジコース　10㎞（日本人学校—フーミー橋往復）
・エンジョイコース　5㎞（日本人学校周辺を8の字に）
・ファミリーコース　1・5㎞（日本人学校周辺を1周）

このコース上に、交通安全のために30人のベトナム人交通警察及び30人のホーチミン走る会ボランティアが配備され、1千300人のランナーが走る事を全力でサポートすることになる。当日、大番狂わせが発生するのだが……。

＊サポーター

ホーチミン走る会メンバー以外にも、サポーター・後援者がいた。彼らの協力無しでは成り立たなかったので、下記紹介する。

・サイゴン自転車倶楽部

坂上会長より、当初はホーチミン走る会にお願いがあった。「先頭ランナーの誘導をお願いしたい」との事。またまた、無茶なお願いである。箱根駅伝のような白バイによる誘導がイメージされるが、器用にバイクを運転できる者は無し。走って先頭ランナーを誘導……という案もあったが、ホーチミン走る会で最も早いランナーをもってしても、1千300人のランナーの中には更に速いランナーもいるだろうし、到底無理。そこで、起用されたのが自転車！ 池田会長率いるサイゴン自転車倶楽部の自転車野郎達である。

当日は、悪路の中をスイスイと走り、3コースの先頭ランナー達を無事誘導。更には、ゴール付近において交通整理のために自転車で壁を作ってくれるなど、誠にカッコいいサポートだった。

・79会（別名：羊飼い）

1979年生まれのホーチミン在住の方の会。なぜか、1979年生まれの人達はホーチミンで結束が固い。飲み会等を通じて同い年どうしで頻繁《ひんぱん》に交流を重ね、なんと！ホーチミン走る会に対抗して（という訳では無いようだが）、自分達でランニングの練習まで行っている。会は違えど、同じランニング仲間！　彼らには、ホーチミン走る会メンバーと共に当日の交通安全警備・ランナーへの給水を行って頂いた。

いよいよ2016年12月11日、第一回日本商工会マラソン大会の当日となった。集まった約1千300人の日本人・ベトナム人ランナーの前で、日本商工会から、厳かに開会のお言葉が述べられる。そして、定番のランニング前のラジオ体操……の代わりに用意したのは、「ピコ太郎のペンパイナッポーアッポーペーン！」流石に2016年の大晦日《おおみそか》紅白に華を添えたダンスだけあり馬鹿ウケされ、日本人は皆、笑いながら踊る！（ランニングの準備体操として、どれほどに効果があったかは、甚《はなは》だ、疑問なのだが）。が、残念な事に、ベトナム人には浸透しておらず、大方のベトナム人はポカーンと口を開けたまま。それを日本商工会では予想していたのか、お次はベトナム人の人気俳優（名前は知らず）に登場してもらい、人気俳優の指揮でベトナム体操！　今度は、ベトナム人には馬鹿ウケだが、日本人はポカーンと口を開けたまま……。両国の文化交流の接点を見つけるのは、誠に難しい……。

さて、いよいよスタート!!　と、思いきや、いきなり2つの問題が生じて、開催が危ぶまれる事態に！　第一に「雨が降り出した！」ベトナム南部は11月から3月までが乾季。12月の雨は、全くの予想外！　ましてや、マラソンが行われるフーミーフンエリアは「朝は絶対に雨が降らない」という特殊地域にて、ホーチミン走る会も、10年以上続けられているが、朝に雨に降られたことが一度も無い。なぜ、この日に限って!?　天からマラソン大会を中止にしろとの啓示か!?　少し、議論が行われたが、小雨である事と、「アメニモマケズ」の逞《たくま》しい青少年育成の観点から決行される事となった。しかし、もう一つの問題は深刻であった。

当日、30人のベトナム人交通警察官がコース上に配置される予定だった。が、どこにも来ていない事が発覚！　路上で交通整備を手伝う予定の日本人ボランティアからは「我々だけでは、バイクの洪水を防ぐことは出来ない！」という悲鳴が、大会本部に寄せられる。焦《あせ》り、交通警察に電話するも、「ＯＫ、ＯＫ、たぶん、もうすぐ行くから。問題ないよ！」と、飲み会に遅れたくらいの反応のみ。少し待つと、確かにスタート時間ちょうどに「交通警察が来てくれた！」との声がポツリポツリと聞こえてきたが、30人交通警察官の来る予定が5人程度のみ。最も交通量の激しいフーミー橋の交差点に交通警察が来たとの情報を受け、不十分ながらも、マラソン大会にゴーサインがかかる。交通整理は、素人集団の日本人ボランティアが主に行う事となったのだった。

と、そのような内部事情をランナーは知らないままに、マラソン大会はスタート！　全力でスタートからゴールまで走り抜けるランナーから、10㎞を最初から最後まで歩き通したという強者？　まで、様々に。ラブロマンスもあった。会社ぐるみで参加されたＩＴ会社男性社員が、ゴール時に社内の女性にプロポーズ！　女性は見事にプロポーズを受け入れた。尚、現時点では結婚され、幸せにされているという噂《うわさ》。怪我人が一人も出ることなく、皆がハッピーエンドに終わったのであった！

最後に。当マラソン大会への私の協力は、「運動音痴の私の娘・由稀をマラソン大会で走らせたい」という一念が大きかった。しかし、私の意図に沿わず、由稀はマラソン大会に出場はするが、5㎞を最初から最後まで「歩いて」ゴールし、参加賞メダルをもらって喜ぶのみで、相変わらずに走るのは苦手という状況。ホーチミンにマラソン大会を残され、日本に帰国された坂上会長に乾杯！

第二回商工会マラソン大会

3. 体調不良時の対処法

番外編として、体調不良時に私がどのように対応しているのかを紹介する。ランナーになる前の私（おそらく、一般的）と、ランナーとなった現在の私を、比べてもらいたい。

＊肩が凝った、腰が痛い、頭痛がする、なんとなく疲れた等

- **ランナーになる前の私：**レタントン通りのMIU MIUマッサージ（チップも求められず、とても一生懸命）に行く。エナジードリンクを飲む。
- **ランナーになった私：**５㎞を30～40分ほどかけて走る。

＊長時間飛行機に乗り、時差ぼけ。到着地の時間帯に体が合わせられない

- **ランナーになる前の私：**カフェインの効いたコーヒーを飲む。睡眠薬を飲んで無理やり寝る。
- **ランナーになった私：**５㎞を30～40分ほどかけて走る。

＊カゼをひいて、熱がある・咳が出る・フラフラする。

・ランナーになる前の私：病院に行く。薬を飲む。ゆっくりと寝る。

・ランナーになった私：５㎞を30～40分ほどかけて走る。

ランニングをしない人には申し訳ないが、私は走ることによって体の不調を簡単に克服出来てしまう。「カゼをひいても走るのか？」と、疑問を持つ方もいるだろうが、走ることにより血行が良くなり、走る事により代謝が上がるため免疫力が高まり、走る事により体内の温度を上げ、カゼウイルスを退治していると言えば、理に適うと納得してもらえるだろう（無論、重傷・重病であれば病院に行き、緊急治療を行うべきだが）。

私はランニングを、人に強要はしない。しかし、良いものなので、常に皆にお勧めをする。これは、「あの角のラーメン屋は、日本一美味いぞ！」と、ラーメンを勧める親父と同じだ。自分の発見した「幸福」を周りの人にも共感してもらいたいだけなのだ。

万歩系の針が１日に１００歩も進まないベトナム生活。この地で、体の調子が悪い人を見たら、私は常に言い続けてきた。「あなたも、走ったらどうですか？」と。

4. チャリティーマラソン／トゥーズー病院・ドクちゃんへ

ホーチミン走る会では、立派な社会貢献活動も行う。チャリティーマラソンだ。チャリティをウィキペディアで調べてみると「慈愛・慈善・博愛または同胞愛の精神に基づいて行われる公益的な行為・活動のこと」と書いてある。我々は、難しい事をやるつもりは無い。だが、目に見える・体感できるチャリティを行ってきたという自負《じふ》はある。

寄付金の集金は簡単だ。ホーチミン走る会では、日本に帰国するメンバーが現れた時に「送別ラン」を実施する。帰国メンバーを囲んで、タスキのリレーを行い、皆で長距離を走る行事だ。簡単な行事ではあるが、参加費を1人当たり10万ドン（500円）徴収する。1回の送別ランで30人ほど参加し500円×30人＝1万5千円程度が集まる。これを3〜4回行い、5万円分ほど集まったところで、皆で寄付に向かう。寄付先はホーチミン市・「TU DU（トゥーズー）病院の4階「HOA BINH（平和）村」。平和村は、ベトナムで最も寄付・ボランティアが必要とされる場所の一つ。ここには、ベトナム戦争中にアメリカ軍により撒《ま》かれた枯葉剤の被害によって生まれた障害児（ダウン症、小脳症、フレイザー病等）が60人ほど暮らしている。全員、保護者が経済的に面倒を見られないか、もしくは身寄りのない児童ばかり。世界中から寄付が集まるが、まだまだ足りない状況だ。

寄付を行う日には、ホーチミン走る会から有志を募り、寄付金にて近くのスーパーマーケットで「ミルク、お菓子、オムツ等」を購入。そして、直接に平和村に届ける。寄付金が100％必要物資となり、有効率は100％だ。寄付金を扱って商売にする業者も、寄付金を扱うＮＰＯ（特定非営利活動法人）さえ介在せず、目に見えて100％が有効に利用される。当日は寄付のみに留まらず、障害児達と遊んだり、食事を与えたり、オムツを替えてあげたりと交流も持つ。

障害児との交流により、我々も、大いに社会勉強となる。ベトナム戦争が終わり40年以上経つというのに、今でもアメリカ軍が撒いた枯葉剤の影響により障害児が産まれていると

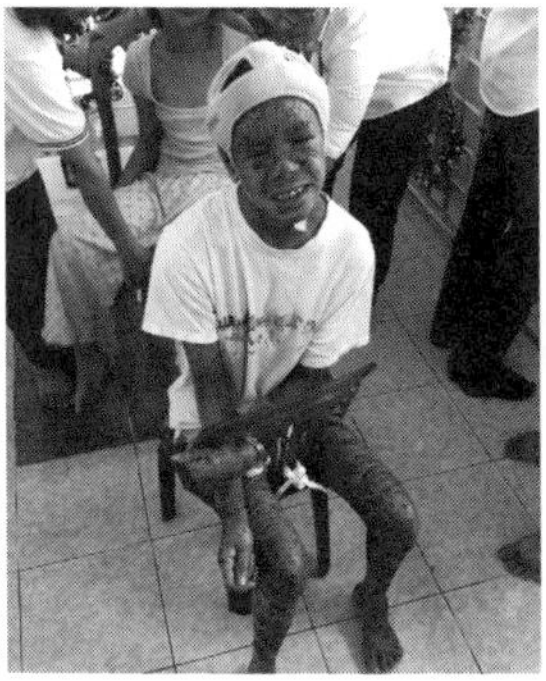
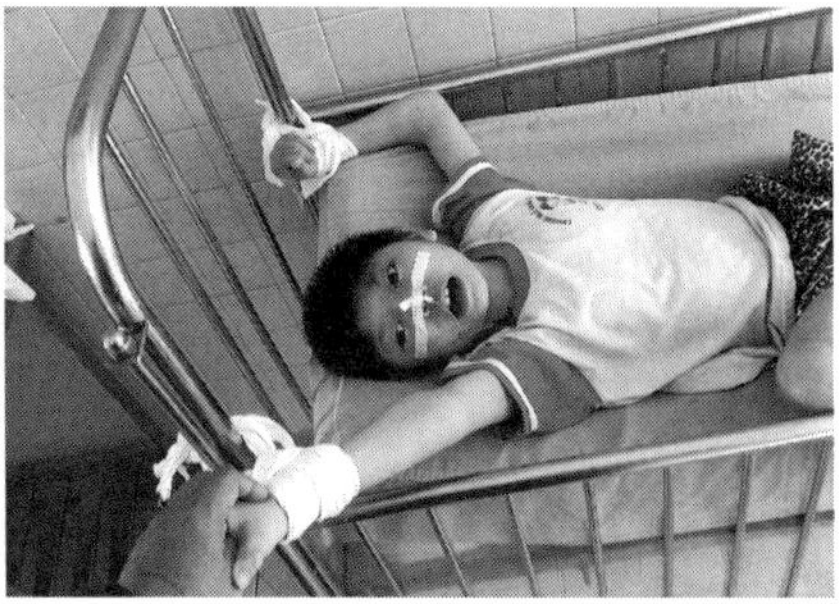
トゥーズー病院　障害児達

いう事実。ベッドに両手を縛られたり、椅子に手錠をかけられたりした障害児達（虐待《ぎゃくたい》ではない。自由にしてしまうと、自分や他人を傷つけたり、ベッド・窓から落ちてしまうので、やむなく行っている処置）。

まだまだ十分では無い障害児達への援助・ボランティア……。寄付金を届けた後は、皆が神妙な顔をして平和村を立ち去る事となる。参加したメンバーは、よく考えさせられる1日となる。ホーチミン走る会では2013年から2015年まで、6回にわたって平和村を訪問し、寄付金の贈呈・障害児へのボランティアを行ってきた。

障害児達との交流

2016年になると、様相が変わった。ボランティアの平和村への訪問が禁止されたのだ。どうしても訪問したい場合には、関係官庁・病院に複雑な申請書類を提出しなければならないとの事。これは想像だが、興味本位の観光客がホアビン村に押し寄せるようになってしまい、病院側が訪問客を受け入れなくなってしまったのではないか？　と思われる。我々には関係官庁・病院に複雑な申請書類を提出出来るような時間と能力が無い。さて、寄付金は集まったのだが、ホアビン村を訪問できないとなるとどうしよう⁉　簡単な事だ！　今度は、平和村から、我々ホーチミン走る会の練習場に寄付金を取りに来てもらえばいいのだ！　安直な考え方だが、平和村には強力な日本人の味方がいた。ベトちゃんドクちゃんの「ドクちゃん」だ！

　ベトちゃんドクちゃんは、枯葉剤の影響により１９８１年に出生した結合双生児。日本ではベトナム戦争被害者のシンボルとなっている。１９８８年に日本の援助による分離手術、２００７年に残念ながらベトちゃんは亡くなられたが、ドクちゃんはすくすくと成長された。現在ドクちゃん（もう、40歳を超えたおっさんになって、ちゃん付で呼ぶのも可笑しいのだが、皆が今でもドクちゃんと呼んでいる）は、日越の平和親善大使として何度も日本にも訪問され、講演活動で活躍。また、御自身の分離手術が行われた、平和村のあるトゥーズー病院の事務員の仕事も行われている。

　この平和村の事務員でもあるドクちゃんに、「平和村へ寄付金を贈呈したいのだが、

寄付金の送呈式

ホーチミン走る会の練習場に受け取りに来てもらえないだろうか？」と、頼んだところ「はい、いいですよ！」と、簡単に了解してもらった。噂には聞いていたが、非常に気さくな方である。ドクちゃんには、我々が練習を終えたタイミングで来てもらった。ささやかながら寄付金の贈呈式を行い、佐原監督からドクちゃんに寄付金を手渡した。ドクちゃんからも、日本国民皆への謝意を頂き、「ベトナム戦争の被害者を今後も憶えていて欲しい」との熱演を行ってもらった。さて、ドクちゃんは、日本の小学校の社会の教科書にも写真で載っている超有名人。皆、ドクちゃんとお話を！　一緒に写真を！　と、大いに盛り上がる。いつもの、練習会後の麺屋にも来て頂き、楽しい会食で寄付金の贈呈式は終わった。

この時にドクちゃんに渡された、ホーチミン走る会メンバーによる誠意の寄付金は560万ドン（2万8千円）。翌日にはドクちゃんから、2万8千円で購入したミルク・米・お菓子の写真が、お礼と共にメールの添付で送られてきたのだった。

ドクちゃんと私は、SNSでも繋がっている間柄（ドクちゃんのSNSのフォロワーが12万人もいるので、特殊《とくしゅ》な事では無い）。最近のドクちゃんは日越親善大使として飛び回り、多忙な様子。忙しい時間を割いて、そろそろ、ホーチミン走る会に、寄付金を受け取りに来て頂く時期かと思われる。

ドクちゃんを囲んでの記念撮影

あとがき／私の（ランニング）履歴書

本書を最後までお読み頂いたこと、誠に有難うございます。当著は全て、事実に基づいて書いている。では、ノンフィクション分野の本か？　と問われると、そこまでに深く掘り下げて研究・調査して書いた自信は無い。私が好きな作家である高野秀行さん（著書：『幻獣ムベンベを追え』『世にも奇妙なマラソン大会』）や宮田珠己さん（著書：『旅の理不尽アジア悶絶編』『ふしぎ盆栽ホンノンボ』）が提唱されている「エンタメ・ノンフ（エンターテイメント的なノンフィクション）」の分野を意識して書いたつもりだ。当著の内容は、事実：7割、事実の膨《ふく》らまし：2割、私の勘違い：1割くらいと思われる。ゆえに、本の内容に誤りがあったとしても、目くじらなどを立てることなく、笑い飛ばしてもらいたい。

「子供の頃から、ランニングが大嫌いだった……」多くの一流のマラソン選手に昔を振り返らせると、子供の頃は「学校で無理矢理に走らされた」とか「走る才能が無かった」とか書いていて、謙遜しているものだ……。しかし、私の場合は、本当の本当に走るのも遅かったし、苦痛で、大嫌いだった。お菓子を毎日食べてはゴロゴロしているだけのデブ。マラソン大会があると、いつもビリだった。ビリで走って帰ってくると、「パチパチパチ」と拍手されながらのゴールが待っていた。拍手など、してもらいたくなかった。テストで0点を取って拍手されるようなもの。恥の上塗り……。学校で忘れ物をしたら、走って家まで取りに帰らされた。掃除をサボった時には、罰として運動場を走らされた。無理矢理に走らされても、速くはならないし、走るのが嫌になるだけ。走るのが遅いコンプレックスで、暗い小学生・中学生時代を送った。

スポーツは、少しは好きだったが、走るのが嫌だったので、走らなくて済むスポーツばかりを選んだ。小学生から高校生までは、中途半端に卓球をかじる程度。大学生時代は、強い男になろうと思っていたところへ、誘われるがままにレスリングをかじった。レスリングなら、走らなくてもいいか……くらいの感覚で。走らなければ持久力もつかず、負けてばかりのレスリング競技だった。社会人となってからは、走らなくてすむボディビルやスカッシュを少しかじった程度。いずれも中途半端で、実績も何もない。

ランニングを始めたのは、この本でも書いたが、たまたまネットで見つけたニャチャン・

マラソンの申し込みを酔狂《すいきょう》でポチったのがきっかけ。走る仲間が出来、走った後の爽快感も良いものだと、続けるようになった。

走る事が、生きる上で重要であり、より良く生きるために必要な道具（ツール）であると確信した瞬間がある。「BORN TO RUN（走るために生まれた）／クリストファー・マクドゥーガル著」を読み終えた時だ。２０１０年に刊行された当著は私のバイブル。人類は走る為に生まれてきた事を証明する、読めば走りたくなってくる本。現代のスポーツ科学で鍛えられたウルトラランナーVSメキシコの秘境に住みゴムゾウリで数１００㎞も走ってしまうタラウマラ族との戦いを通じて、人類にとって「食事、睡眠」と同様に「走ること」が不可欠な行為である事が書かれている。

なぜ、走ることが大事なのか？　簡単に言ってしまうと、人類が２００万年の進化において走って獲物を捕獲してきた歴史による。走れば獲物を捕獲し、タンパク質を得ることが

BORN TO RUN
（走るために生まれた）

出来、生きながらえることが出来たのだ。走る事が生きるために必要だったのだ。たくさん走って、生きながらえたご先祖様のＤＮＡ（遺伝子）が子孫の我々に受け継がれている。現代においては、生きるために走る必要は無い……。しかし、人のＤＮＡ（遺伝子）が「走れ！」と今でも体に命じている。走るということは、より良く生きるために不可欠な要素だったので、ＤＮＡの命ずるままに走れば、快適で、健康になれるという事を、この本を読んで理解した。現代において、走る事は不要かもしれないが、快適で健康に生きるための素晴らしい道具（ツール）なのである。

そう、快適で健康に過ごすために走るのである。無理矢理に走らされるのではない。タイムを競う為に走るのでもない。サブスリーを目指すために体を壊す、厚底シューズを無理に履いて足を痛めるなど、私にしてみれば本末転倒だ。走る事は、現代人にとって、より良く生きる為の「道具（ツール）」なのだ。道具（ツール）を目的としてはいけない（例えとして、日本人にとって「英語」も「道具（ツール）」である。外国人と交流を行ったり、外国の書物を読んだり、外国の映画を楽しむために英語を勉強するのだ。英語が上手くなるのが目的ではない。英語も、より良い人生を歩むための「道具（ツール）」なのである）。

私は人生の10%を道具（ツール）としてランニングに投資しているイメージだ。投資量としては、1日30分のランニングと、月に1回のマラソン大会や長距離走。人生の残りの90%は、仕事をしたり、家族と過ごしたり、本を読んだり、パソコンで遊んだり、酒を飲んだり、麻雀したり、好き放題させてもらっている。私のやりたい90%を楽しく、快適に行うためにランニングをしているのだ。また、ランニング自体も楽しいので、愉快で仕方がない。尚、もちろん私も、速くは走りたい。だが、それよりは、無理せずに、皆で楽しく走りたいのだ！

この「BORN TO RUN」に描かれている「朝までテキーラ・マルガリータ飲んで走ろうぜ！」「ランナーが遅くなるにつれ、歓声が激しさを増す。ゴールを切った走者はみな、すぐに回れ右して、まだ走っている者を声援で迎えるのだ」という、皆で楽しく走れる世界を体現出来る場があった。「ホーチミン走る会」だ！　このホーチミン走る会で皆と走ることが出来、私はとてもとても幸せだ！

終

【著者プロフィール】

1968年　兵庫県生まれ

1987年　兵庫県立川西緑台高校卒

1991年〜　関西学院大学経済学部卒

総合商社丸紅（株）入社・ハノイ総合大学へ語学留学・退社

2012年3月　ホーチミン走る会創立・入会

2015年2月　ホーチミン走る会二代目会長拝命

2021年10月　ベトナム駐在20年を経て日本へ帰任

メールアドレス：uenoakihiro2@gmail.com

ベトナムでランニング？ マラソン？？

楽しい楽しいホーチミン走る会・奮闘記

発　　行	2023年9月1日　初版第1刷発行
著　　者	上野　晃裕
編　　集	門間　丈晃
デザイン	HRI.（ヒライ。）
発 行 所	株式会社牧歌舎 東京本部 〒101-0064　東京都千代田区神田猿楽町2-5-8 サブビル2F TEL.03-6423-2271　FAX.03-6423-2272 https://bokkasha.com　代表：竹林哲己
発 売 元	株式会社星雲社（共同出版社・流通責任出版社） 〒112-0005　東京都文京区水道1丁目3-30 TEL.03-3868-3275　FAX.03-3868-6588
印刷・製本	シナノ印刷株式会社

ISBN 978-4-434-32604-2　C0095